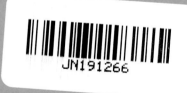

図解

マズロー安達

デキる人の思考法

一番効率的な
成果の出し方がわかる

KADOKAWA

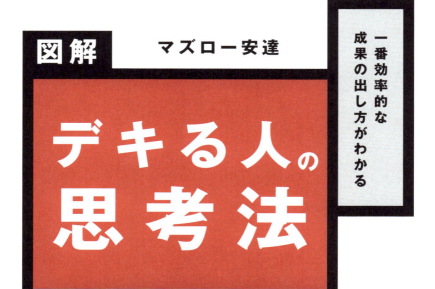

はじめに

見るだけで「成功イメージ」がわかるように

　はじめまして。マズロー安達です。
「人が本来持っている潜在能力を引き出し、誰もが自己実現できる社会を創りたい」という信念をもとに、「Maslow（マズロー）株式会社」というデザイン会社を経営しています。

　この本は社会で活躍する“デキる”人の思考法を、誰もが直感的に理解できるように図解をメインに構成した本です。

　直感的にわかることにこだわっていますから、例えば、今まで勉強が苦手で、自分のことを“デキない”と思ってしまっていた方、それと同時に、とにかく現状を変えたいと思っている方に向けて、「日本一わかりやすい自己啓発書」として日本中に届ける気持ちで、魂を込めて書きました。

　ぜひ、次のような方に読んでいただきたいと思っています。
□ 本を読むのが苦手
□ 仕事で活躍できていない
□ 自分の才能を活かせずにいる
□ 何者かになりたい
□ 現状に不満がある
□ 自分を変えて成長したい

「デキる人は頭の使い方が違う」とはよく言われることです。
　後述しますが、私自身もデザイナーとして自分の目標を見つける前までは“デキない”人間でした。それが今、起業したり、図解を発信したりして、本まで執筆できるようになったのは、「頭の使い方」を変えたことが最も大きい要因だと思います。

　頭の使い方とはすなわち「成功につながる思考習慣」であり、普段からのものの考え方や在り方です。
“デキる人”はこの抽象的な「成功イメージ」を直感的に、もしくは無意識に持っていることが多いものです。

成功イメージをなんとなくでもつかむことができていれば、困難に陥ってもブレず、切り抜けることができます。次にどう動けばいいか自分で考えることができるのです。

本書では、過去と今の自分がモデルの「デキない人の思考」と「デキる人の思考」を、自身の原体験や具体的なアクションを交えて、7つにカテゴライズしてまとめました。

もともとの私は、勉強もろくにできず、留年、軽症うつ病にもなり、毎日授業をサボっては図書館にこもり、自己啓発書や成功哲学本を読み漁る日々を送っていたような人間です。そのときの読書体験から、「人は自分が思うような人間になる」という信念を持ち、大学中退を決意。しかしバイトや仕事でも活躍することができず、合計4回クビになるほど典型的なダメ人間でした。

そんな活躍できない自分に危機感を抱き、勉強に励むなかで自己分析に没頭。デザイナーが天職だと悟り、営業からデザイナーになったことで、人生が驚くように好転していきました。

そのとき自己実現した原体験から設立したのが「Maslow」というデザイン会社です。さらには、もともと興味があった心理学を学ぶために、コーチングなどの学習に300万円以上投資し、プロコーチとしてデビュー（現在は完全紹介性）します。

私はこれまでに年商150億円規模の上場企業の経営者から有名政治家など、たくさんの方のリアルな悩みを聞いてきました。この経験や日常の学びを統合し、図解という形で、X（旧Twitter）を中心に発信を開始したところ、幅広い業界の方々に認知いただくようになり、本書を出版するに至りました。

この本でご紹介する思考法は、普遍的で抽象的な内容を誰もが扱えるように工夫しています。ぜひご自分に即した形にして受け取って、行動や習慣に落とし込んでいってくれれば幸いです。

この本があなたの人生を好転させるきっかけになれば、こんなに嬉しいことはありません。

2025年1月　マズロー安達

目次

第4章

忙しさを理由にしない。「自己内省」のための思考法

第5章

期待以上の成果を出す。飛躍のための思考法

第6章

成果を形に。お金を稼ぐための思考法

第7章

どんどん応援される。人を巻き込むための思考法

装丁・本文デザイン　二ノ宮匡（nixinc）
図解作成　マズロー安達
本文DTP　エヴリ・シンク
校正　山崎春江
編集協力　塩尻朋子
編集　大井智水

さあ、
はじめの一歩を
踏み出そう。
スタートするための
思考法

第 1 章

思考法
01

「いつまでも行動できない」から「やりたいことを始められる」人へ

Before

いつまでも行動できない人

自分の葛藤に無自覚
葛藤
（心の足かせ）
大事にしている価値観や執着、感情、欲求

なぜ行動できないのか？「葛藤」が足を引っ張っている

変わりたい、成長したいという気持ちがあるにもかかわらず、なかなか動き出せない。**そのようなときは、あなたの前向きな心に反発する「葛藤」が足かせになっていることがあります。**葛藤を抱えていることに、あなた自身が気づけていないことも多いですし、うすうす気がついていながら、見ないふりをしている場合もあります。ドイツの詩人であるヨハン・ヴォルフガング・フォン・ゲーテは、「前進しない人は、後退をしているのだ」という言葉を残したと言われています。あなたの足を引っ張る葛藤を放置したままでは、視野も狭まり、成長スピードも落ちていくばかり。葛藤の正体を見極めるには、**自分の「本当はこうしたい」という欲求に反発する感情や価値観を探ってみましょう。**

「不安」の正体を「見る」ことで理性的に対処できるようになる

Point

After

やりたいことを始められる人

自分を客観視して、
「不安」や「恐怖」
を手放す

葛藤の正体は「不安」や「恐怖心」。正体が明らかになれば手放せる

私は大学生のときから「デザイナーになりたい」という気持ちを抱えていました。でも、「正社員＝安定」という常識に知らぬ間にとらわれていたため、親を安心させるために、正社員として働ける可能性のある営業職に就いたのです。そうなると、いくら「営業成績を上げよう」と考えても、無意識の「葛藤」が心の足かせとなり、ずっしりとまとわりつきます。そして、頭ではいくら「やらなきゃ」と焦っても、体は拒否反応や逃避行動を起こすため、まったく成績が上がらない状態が続き、ついにはクビになりました。**誰にでも「こうでなければならない」という思い込みや、新しいことに対する不安や恐怖があります。**その正体を知り、手放すことで、よけいな重荷をなくし前に進むことができるのです。

変化のためのアクション
不要な「葛藤」を手放そう！

▶ 散らかっている場所を片付ける

身の回りにあるモノは、それまで持っていた価値観や感情とリンクしています。いらないものは思い切って整理することで、無意識の葛藤を手放すことができます。また、目に入る環境がすっきりと整えば、頭の中のごちゃごちゃも整理でき、自分を客観的に見つめやすくなるでしょう。

▶ 頭に浮かんだ言葉を書きまくる

文章になっていなくても、単語だけでもいい、**「なぜ動けないのか」と自分に問いかけ、頭に浮かんだことを、とにかく書き出してみます。**すると、客観的な視点で自分の頭の中を見ることができ、「葛藤」を見つけやすくなるでしょう。

言われてみれば
私そういうところあるかも！

▶ 身近な人に相談する

自分が何をしたいと思っているのか、実現するためにこれまで何をしてきたか、そしてどんなことで悩んでいるかなど、信頼できる人に相談してみましょう。**自分とは異なる価値観を持つ人と話をすると、ある一面からしか見られなかったものの別の見方が手に入り、気づくことも増えるでしょう。**

まとめ
行動できない人は、葛藤を抱える。
行動できる人は、葛藤を手放す

思考法 02

「決められない」から「決断を自動化できる」人へ

Before

決められない人

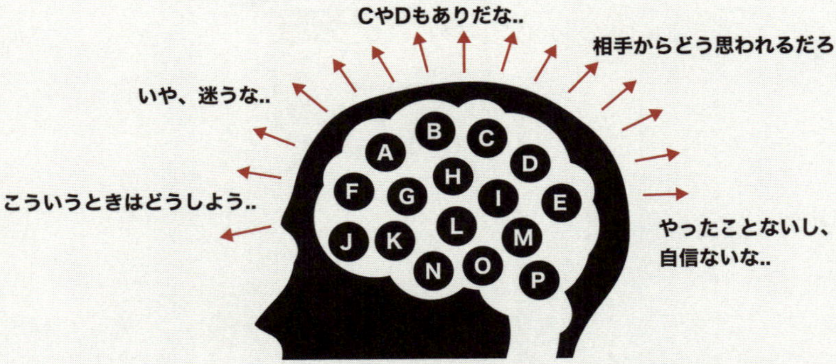

選択肢が多すぎて、考えることが増える。

選択肢が多ければ、誰でも迷う。

動き出すためには、何かを決めなければならない、でも「決められない」。そんな人は自分の中に「マイルール」が存在していないからだと言えます。例えば、外食するときに、なかなかメニューが決められない。付き合う相手を選ぶときも目移りしてしまう。どんな仕事をしたらいいかわからない……などなど。

元Apple社の最高経営責任者であるスティーブ・ジョブズは服装についてのマイルールを持っていて、黒いタートルネックしか着なかったことは有名です。ジョブズは「集中」することを大切にしていました。**集中する対象をマイルールとして定めたあとは、それ以外のことを選択肢から省いたのです。そうすることで迷う時間が大幅に削られていきます。選択肢があるからこそ、人は迷うのです。**

迷う時間を「マイルール」でカットしよう

Point

After

決断を自動化できる人

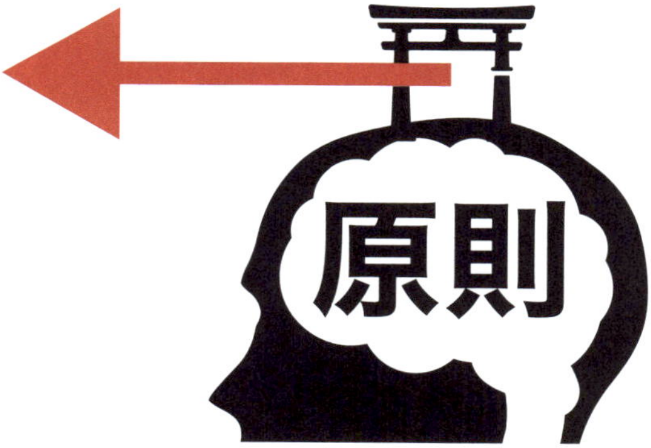

普段から「マイルール」を言語化してリストアップしておこう

「マイルール」を見つける過程は、インターネットで検索するようなものです。例えば、引っ越しをしようとするときは、不動産のポータルサイトなどに「住みたいエリア」「駅から10分以内」「南向き」など、希望の条件を入れて絞り込みますよね。そのように、**普段から理想の状況を言語化してリストアップし、ストックしておきましょう。**例えば、外食するときは「タンパク質が摂れて」「脂肪が少ない」メニューにすると決めておけば、選択肢は絞られるはず。理想のパートナーを見つけたいのであれば、「動物好き」「子ども好き」「体を動かすことが好き」。就職先や転職先であれば、「こんな仕事内容で」「ボーナスはこのくらい」「完全週休２日」といった**「マイルール」を決めておけば、いろいろな意見や考えに惑わされることなく自動的に決断できるようになり、身軽に動けるようになります。**

変化のためのアクション
決断の自動化をクセ付けよう！

絶対に野菜から食べる
RULES

▶ 食べる順番やおかわりの回数を決める

まずは毎日行う食事の「マイルール」を決めてみましょう。最初にサラダや副菜、次に肉や魚などの主菜、最後にご飯を口にするなどと決める。それだけで、迷うことが格段に減り「決めなければならない」ストレスから解放されることに驚くでしょう。

決めたもの以外買わない

▶ 買い物時のルールを決める

外出したときに何を買うか、何を手にするかも、ある程度決めておくとスムーズに決断できるようになります。例えば、コーヒーは家で飲むからカフェでは紅茶しか頼まない、服もトップスは細身のシルエットを選び、ボトムはゆとりのあるものにするなど、あらかじめ決めておくといいでしょう。

▶ 仕事におけるマイルールを言語化する

「朝イチバンにメールはチェックしない」「資料を整理するのは午後にする」など、**効率よく仕事が進むマイルールをある程度決めておきましょう。**そうすれば、突然の頼まれごとなどに振り回されることが少なくなり、仕事を順序よく片付けられるでしょう。

▶ 長く読み続けられている自己啓発書を読む

例えば『7つの習慣』（スティーブン・R・コヴィー／キングベアー出版）や『人を動かす』（デール・カーネギー／創元社）など、**長く読み続けられている名著には、人間としての行動の基本が書かれています。**まだ「マイルール」が確立できていないとき、何かに迷ったときなど、繰り返し読むことで、自分にとって正しい決断をすることができるでしょう。

まとめ
決断力のない人は、自分の感覚に頼る。
決断力のある人は、厳密なルールに基づいて判断する

思考法
03

「現状維持が好き」から「新しいことに挑戦する」人へ

Before

現状維持が好きな人

いつも同じ環境にいると、「現状維持」で満足してしまう

人間の脳には「ホメオスタシス」という現状維持機能が備わっています。何もしなくても、血液が身体中をめぐり、心臓が鼓動を打つように、「今までと同じ生活」「馴染《なじ》みのある人と一緒にいるほうが安心でラク」、脳はそう考えるため、**何か新しいことを始めようとしても「いやいや、このままでいいんじゃない？」と引き止めにかかる**のです。だからこそ、人は三日坊主になりやすいし、無意識のうちにこれまでと同じ生活や習慣を維持しようとします。でも、あなたが**「変わりたい」「夢を叶《かな》えたい」と思っているのであれば、心のどこかで「このままじゃいけない」という思いも同時に抱いているはず。だからこそ、変わりたいと思うのであれば、あなたは、ホメオスタシスという脳の機能と戦わなければならないのです。**

Point

新しいコミュニティに飛び込むことで自分ではなく「環境」を変えてみよう

After

新しいことに挑戦する人

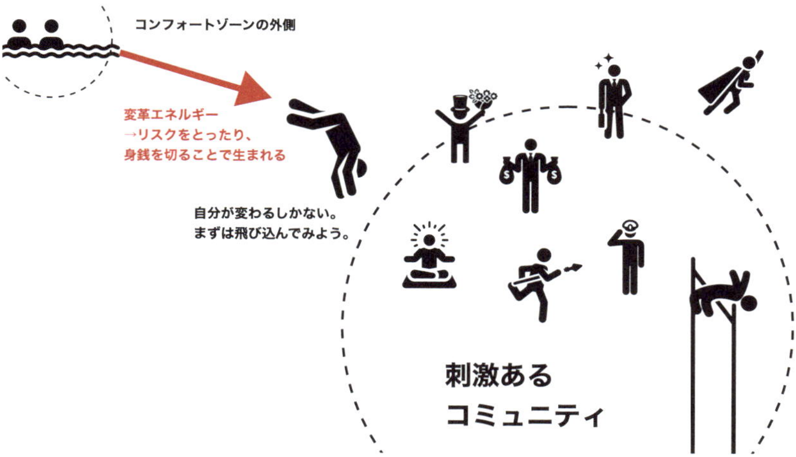

自分を変えるよりも、環境を変えるほうがはるかに簡単

脳が持つ「現状維持機能」から抜け出し、大きく変わるための一歩を踏み出すには「新しいコミュニティにダイブする」ことが非常に効果的です。例えば、英語が話せるようになりたいなら、英会話のスクールに入る、外国人と交流できる場に行ってみる。仕事で成果を出したいなら、朝活に参加する、知りたい分野の研修を受けるなど、今の自分の生活や習慣、行動パターンから抜け出し新しいコミュニティに飛び込んでみましょう。**難しく考えなくても大丈夫、興味があり「面白そう」「楽しそう」と思うコミュニティに、思い切ってダイブしてみてください。がんばって努力して「自分を変えよう」としなくても、環境を変えれば、自然と環境にふさわしい自分になれるのです。**

変化のためのアクション
「新しいこと」に挑戦してみよう！

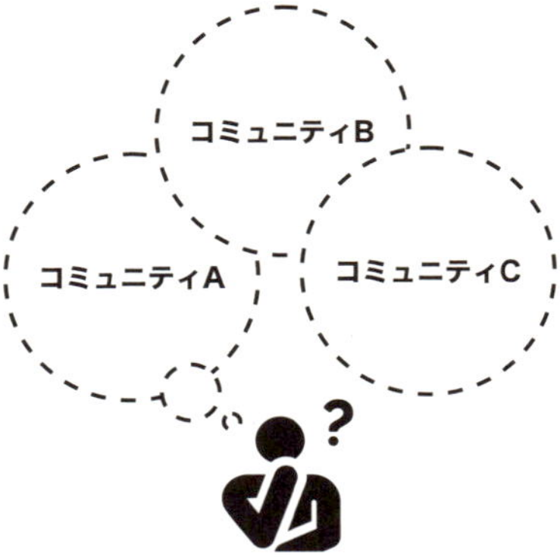

▶ 自分が「飛び込みたい」と思えるコミュニティを探す

多くの人は大人になると、家族や会社の仲間など決まった環境の中だけで暮らすようになります。自分を変えようとするときに飛び込むコミュニティを探すためには、自分が憧れる人、信頼できる友人などに、**オススメのコミュニティや過去に参加していたグループなどを聞いてみるのがいい**でしょう。

▶ ロールモデルの話を聞きに、イベントに参加する

自分が「こうなりたい」と考えるライフスタイルを送っている誰かを見つけましょう。SNSの発信者でも本の著者でも構いません。そして、その人が開催するイベントや講演会などに参加してみましょう。

▶ プチトリップに出かけ、現地の人と話をする

海外に旅行に行くと、これまでとは大きく異なる環境で新たな視点や考えを取り入れることができます。また、国外に出かけなくても、隣の県に行ってみる、電車で終点まで行って、現地のお店の人と話をするなどでもいいのです。自分が普段、接しない世界に飛び込んでみましょう。

▶ 興味があるコミュニティに入る

オンラインであらゆることが学べる時代ですが、「現状から脱する」ためには、ぜひ、**興味がある何かのスクール、交流会などのコミュニティに行ってみてください。**また、オンラインで何かに参加しているのであれば、オフ会に行ってみるのもいいでしょう。そこで出会うリアルな仲間から、多くの刺激を受けることができるでしょう。

まとめ
変わらない人は、同じコミュニティにとどまる。
変わる人は、新しいコミュニティに飛び込む

思考法
04
「自分に甘い」から「自分をコントロールできる」人へ

Before

自分に甘い人

感情のままに動く「感情ドッグ」に振り回されると前に進めない

人間は、理屈ではなく、感情で動く生き物です。例えば、明後日までにやらなければならないことがあるのに、YouTubeを観ていたいと思うのも「楽しみたい」「ラクしたい」という感情があるからですし、「起きなきゃと思っても二度寝してしまう」「痩せたいと思っているのに、つい食べ過ぎてしまう」のも、みんな「ゆっくりしたい」「もっと食べたい」といった自分の感情をうまく扱えていないからだと言えるでしょう。これはまるで、感情のままに動くペットを自分の中に飼っているようなものです。私はこれを「感情ドッグ」と呼んでいます。**「感情ドッグ」にそのときの気分であちらこちらに引っ張られるばかりでは、なかなか前に進めません。**

Point

思考と感情が一致する目的を設定しよう

After

自分をコントロールできる人

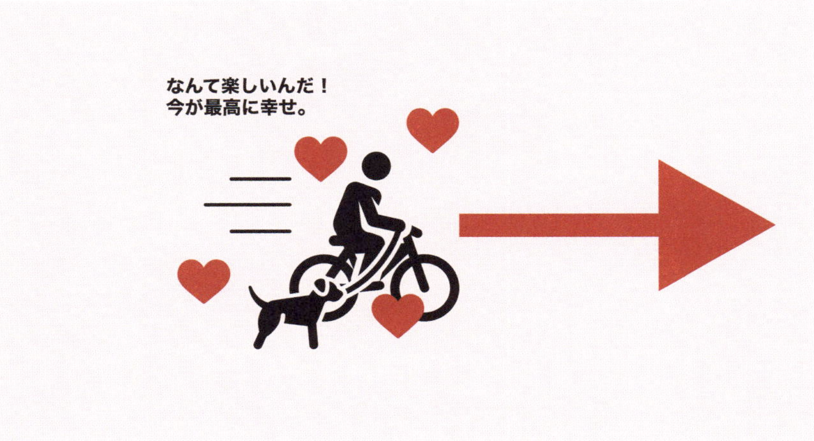

思考と感情を一致させる
「ワクワク目標」を見つける

自分の感情をうまく扱い、目指す方向に進むエネルギーに変えるには、思考と感情を一致させられる「ワクワクして」「楽しくなる」やり方を見つけることがポイントです。自分をうまくコントロールできている人は、ワクワク目標の設定がうまい人です。例えば、「起きなきゃと思っても二度寝してしまう」のであれば、朝7時に、仲良しの友人と散歩してスタバに行く約束をする。「痩せたいと思っているのに、つい食べ過ぎてしまう」のであれば、イケメントレーナーがいるジムに入会するとか、憧れの体型をしている女性のパーソナルトレーニングを受けるなど、楽しいと感じてやりたくなってしまうような予定を入れて**、おやつを目にした感情ドッグのように、自然とその行動をとってしまうように自分を仕向けてみましょう。**

変化のためのアクション
自分をコントロールしよう

今日はデート。
早く仕事片付けよう

▶ どうすれば仕事を楽しくできるか考えてみる

例えば、退屈な資料の整理をしなければならないとします。**「この仕事を楽しくするにはどうしたらいいか？」と考えてみましょう。**「大好きなカフェに行ったら気分がアガる」のであれば、外出してカフェで仕事をしたり、「大好きなおやつを食べるためにがんばれる」のであれば、おやつを用意するのもいいでしょう。

私、形から入るタイプなんだよね

▶ どうすれば運動を楽しくできるか考えてみる

ダイエットや健康のために、運動したほうがいいのはわかっている。でも、なかなかスタートできない。そんなときは、**できるだけスタイルがよく見えるお気に入りのウエアやシューズを先に買うのもいいでしょう。**そのウエアを身につけたいから運動をするというのも、感情を味方につけていると言えます。

▶ 自分の持つ価値観を実践するプランを立てる

「やらなければならないことを楽しく」するだけでなく、「自分にとって楽しいこと」を実践する時間を増やしてみましょう。例えば料理が好きなら、レシピを考えてSNSに投稿する、歩くのが好きなら決まった時間に散歩するなどを行うと、心の中の葛藤が減り、目指す方向に進みやすくなります。

まとめ
行動できない人は、思考と感情が逆向き。
行動できる人は、思考と感情が同じ方向を向く

思考法 05

「失敗を恐れる」から「失敗を恐れない」人へ

Before

失敗を恐れる人

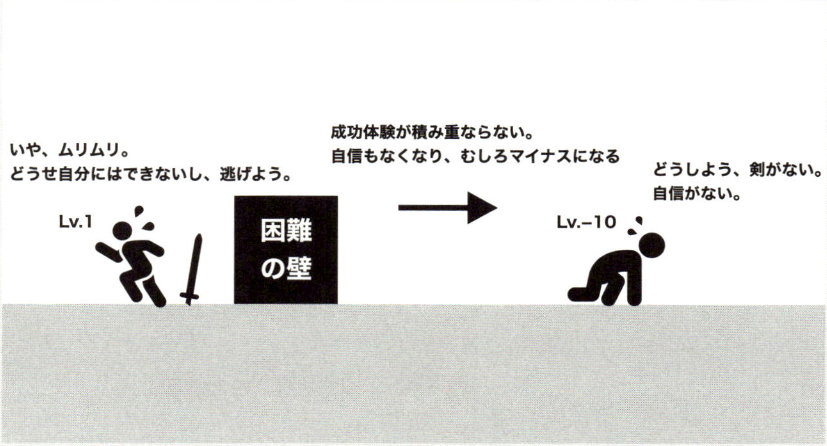
いや、ムリムリ。
どうせ自分にはできないし、逃げよう。
Lv.1
困難の壁
成功体験が積み重ならない。
自信もなくなり、むしろマイナスになる
Lv.−10
どうしよう、剣がない。
自信がない。

自信がないから挑戦できないのではない、むしろ逆

アメリカの哲学者、ウィリアム・ジェームズは「苦しいから逃げるのではない。逃げるから苦しくなるのだ」という言葉を残しているそうです。**「自信がないから行動できない」と考える人は、順番を間違えていると私は考えます。**「自信」は、生まれつき人に備わる性質ではなく、挑戦して成功体験を積むことでしか身につかないものだからです。自信がないからと挑戦できず成功体験を積めないと、ますます自信がなくなっていき、行動できなくなる悪循環に陥ります。私はこれまでの人生で恋愛に関して、まったく自信がありませんでした。小学生のときに好きだった子に告白してフラれた経験から、「自分はダメだ」と考えてしまっていたのです。でもよく考えてみたら、実際に告白したのはたった２回。**「自信をなくすには、少なすぎる回数だ」**と自覚してから、恋愛に前向きになれるようになったのです。

失敗こそ成功への道。失敗を成功のための種ととらえて、コツコツ積み上げよう

Point

After

失敗を恐れない人

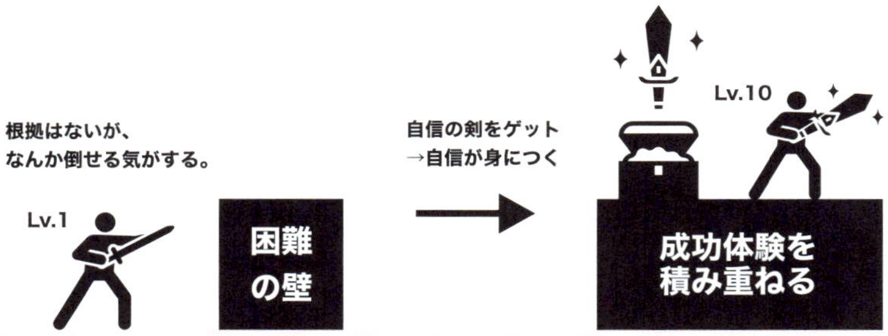

失敗を失敗ととらえず、「成功のための種」ととらえよう

自信を身につけるのは「成功体験を積み重ねるゲーム」のようなものだと考えてみてください。**いかに素早く成功体験を積み重ねて剣をゲットするか、それだけに集中してひたすらチャレンジを繰り返す。「挑戦するか」「挑戦しないか」の2択しかないのです。**自信を身につけたい分野で、どんなに小さなことでもいい、トライして乗り越える体験を繰り返すことで、本当の自信が身についていきます。私も「恋愛」に関して、どういう仕草や振る舞いが「モテ」につながるか、恋愛系のYouTube動画を観ながら、ひたすら真似ることから始めました。そこから始まり、次に、1回目のデートで行くお店選びや会話の内容など、少しずつ挑戦の幅を広げてトライ＆エラーを繰り返して成功体験を積み重ね、ついに彼女ができて「恋愛苦手」意識をなくすことができたのです。

変化のためのアクション
「成功の種」を積み重ねよう

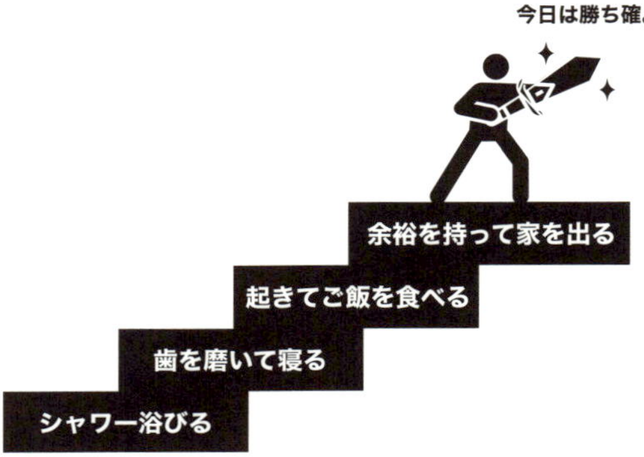

▶ 小さな成功体験を積み重ねる

「毎日、鏡を拭く」「朝起きたら白湯《さゆ》を飲む」「職場では自分から挨拶をする」など、ほんの小さなことで構いません。**できそうなことを決めて実践し続けてみましょう。**「今日もできた！」が積み重なれば、そんな自分を認めることができ自信につながります。

▶ 良質な睡眠をとり体調を整える

胸を張って笑顔をつくれば、落ち込むことができないように、人の心と体は密接につながっています。よく眠り体調が整えば、それだけで何かにチャレンジする勇気が生まれます。**できるだけ夜更かしはせずに、よく眠ることを心がけましょう。生活習慣を日々整えることも、「小さな成功の種」を集めることです。**

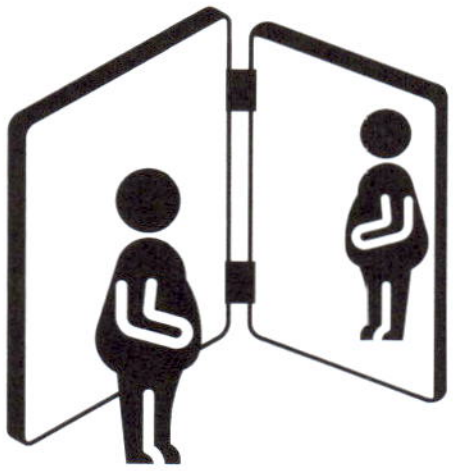

▶ ポジティブな言葉を使う

人間の脳は、発した言葉をそのまま「事実」として受け止めます。そして、その言葉通りの現実をつくろうとするのです。だからこそ、自信を身につけるには前向きな言葉を発する必要があります。**「できない」「ムリ」と思ったら、「できる！　どうしたらできるかな？」と切り替えてみましょう。**

▶ 苦手なことの解決策を調べて試す

例えば、部屋の片付けが得意ではないとしましょう。効率的にモノをしまう方法やいらないモノの捨て方など、解決策を調べ、**できそうなこと1つでいいので試してみましょう。**

まとめ
自信のない人は、挑戦しない。
自信のある人は、挑戦して小さな成功体験を積み重ねていく

思考法
06

「できない理由を探す」から「できると思い込める」人へ

Before

できない理由を探す人

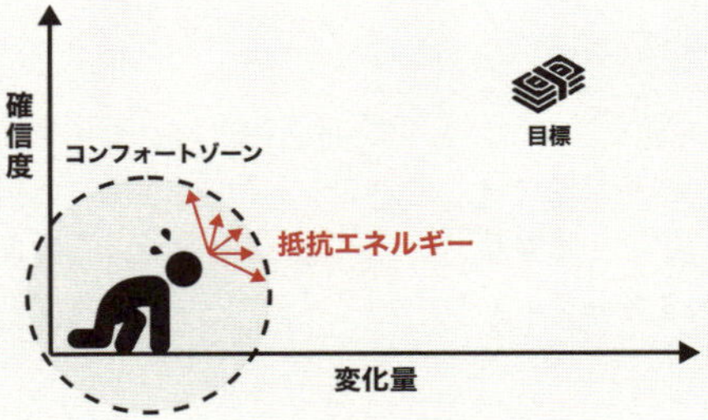

「やれる気」と行動量は相関する。やれるイメージがなければ、やる気にもならない

スペインの画家、パブロ・ピカソは「できると思えばできる、できないと思えばできない。これは、ゆるぎない絶対的な法則である」という言葉を残しているそうです。「もっといい仕事に就きたい」と思いながら、なかなか転職活動する気にならない。「理想の相手とめぐり逢《あ》いたい」と願っていても、なかなか行動に移せない。「夏までに痩せたい」と思っているのに、運動する気が起きない……等々。多くの人は、こんな状況にいると「自分って、やる気ないなぁ」などと考えます。**でも実は、「やる気」が出ないのは「やれる気」がしていないから。心の奥で「私なんて……」「どうせムリ」などと、自分にはできないと思っているから行動できないのです。**こんなときは無理やりモチベーションを上げようとしても、結局続かないでしょう。

Point

「やる気」とは「やれる気」である。
できるイメージを抱けば、モチベーションが湧いてくる

After

できると思い込める人

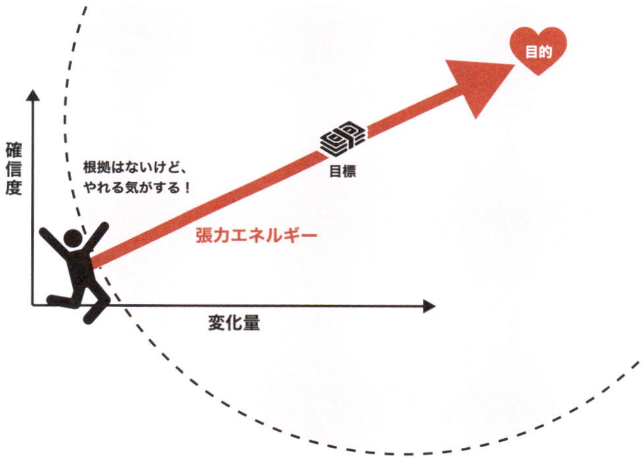

達成している自分のイメージ像を
鮮明に描けば描くほど、「やる気」が生まれる

私は、未経験からデザイナーになろうとしたとき、「やれる気」になるために、「デザイナーになる」という目標の解像度を上げることにしました。実際にデザイナーとして活躍している人、数人に会い、デザイナーとしてどんな仕事があって、どうやってデザイナーになったのかをヒアリングしたのです。すると、**何人かに話を聞くうちに、自分がデザイナーとして働くイメージを持てるようになってきました。そうなれば少しずつ「自分でもできるかも？」とやれる気になってきます。**ただ、「未経験だと難しいから、最初は制作会社にアシスタントとして、アルバイトで入るのがいいんじゃない？」とアドバイスを受けたため、私は手当たり次第にアルバイトとして応募し始めたのです。80社以上に応募して、最終的にアシスタントとして就職することができました。

変化のためのアクション
「自分はできる！」を集めよう

▶ 目標に関する本や動画を観る

まずは、自分が目指す「何か」とは、具体的にどうすればなることができたり、達成することができるのか、ネットで検索したり本を読んだりしてみましょう。思ったよりも簡単かもしれませんし、調べていくうちに、すぐに行動できるヒントが見つかるはずです。

▶ 目標を達成している人にヒアリングする

あなたが目標とすることは、まわりの知り合いに聞いてみたら、すでに達成している人がどこかにいるはずです。そんな人を見つけたら、実際にどうやってそうなれたのか、聞きに行ってみましょう。本の著者や成功体験を発信している人などの、セミナーや講演会に行くのもいいでしょう。

▶ 似た環境にいるのに「できている人」を探す

「やれる気」になるためには「できる」と信じる、自己効力感を高めることが必要です。 そのためにとても効果的なのが、自分と似たような環境にいるのに「できている」人を探すこと。例えば自分と同じ高卒なのに年収3000万円である、同じように子育てをしているのにデザイナーとして仕事をしているなど。自分と近いライフスタイルや環境にいる人ができているなら「自分だって」と思えるはずです。

まとめ
モチベーションが低い人は、コンフォートゾーンが今にある。
モチベーションが高い人は、コンフォートゾーンが未来にある

思考法
07
「気分に左右される」から「小さなことでもやり遂げる」人へ

Before

気分に左右される人

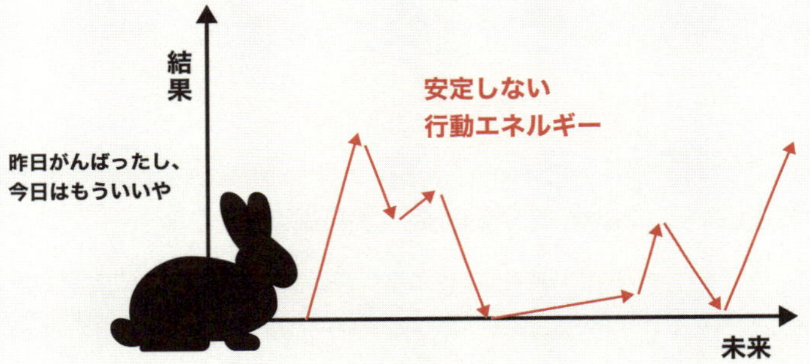

そのときの感情で動くと、行動にムラが生まれる

日本に昔から伝わる話に「うさぎとかめ」があります。足の速いうさぎと、動きの遅いかめが競走をした結果、油断して昼寝をしたうさぎが負けて、コツコツと前に進んだかめが勝ったというお話です。この話はよく「慢心してはいけない」などの教訓があると言われています。**でも私は、この話を「大きな結果を得る人は、小さなことを毎日しっかり積み重ねている」という意味に解釈しています。**やる気があるときはうさぎのように大きく前に進み、「モチベーションが上がらない」ときはやらないなど、**行動にムラがあると、最終的に得られる結果は、思ったよりも小さくなりがちです。**私も以前、雨が降るとランニングをサボったり、ジムに行かなかったりしていました。でも「朝起きてスクワット10回」のように、手の届く目標にブレイクダウンした結果、続けることができるようになったのです。

小さなことこそやり遂げる。継続した積み重ねが、いずれ大きな結果となって返ってくる

Point

After

小さなことでもやり遂げる人

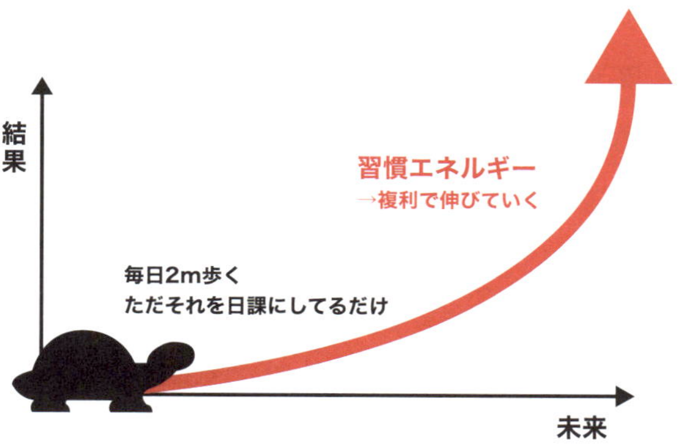

1日1％の改善でも、1年経てば365％以上。ある日、急激な成長を実感する

『ジェームズ・クリアー式　複利で伸びる1つの習慣』（ジェームズ・クリアー／パンローリング）という本で、自転車競技のチームの話が紹介されています。競合は、自転車を一気にバージョンアップしようとしていた中、**優勝したチームは、毎日1％ずつ、パーツを改善していたそうです。ほんの少しと思えることでも、積み重ねると大きな違いを生むといういい例です。**たとえ1％の改善だとしても、1年も経てば365％以上の改善になります。

例えば、営業トークのスキルアップを目指すなら、**1日3分でもいいから、自分の話す姿を録画して観直す、または、企画職なら、1日1つ、企画を考えてみるなど、この考えを日常に応用してみたら、1年後には大きな違いが生まれているはずです。**

変化のためのアクション
小さくていい。必ず継続させよう

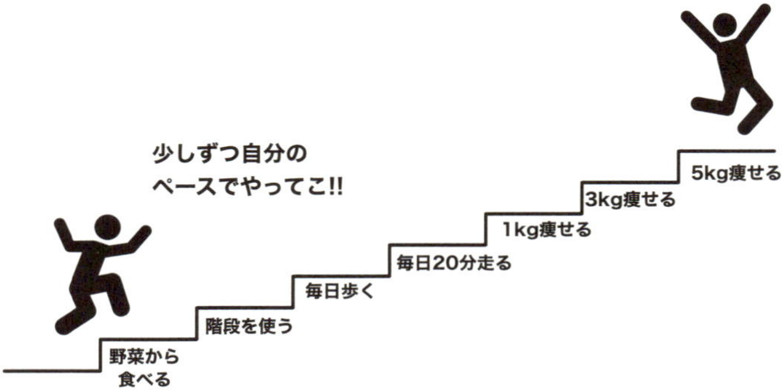

▶ 目標を細かくブレイクダウンする

いきなり「5kg痩せる」とか「SNSのフォロワー3万人」などの大きな目標を掲げても、続けられる気がしませんよね。**「5kg痩せる」ために、まずは毎日駅で階段を使う、おやつを半分にするなど、できそうなことにブレイクダウンしてみましょう。**そして最小のステップから積み重ねていきます。

▶ 友人を巻き込む

自分が習慣にしたいことを、同じようにやってみたいと考える友人を巻き込んで、定期的な予定にするのもいいでしょう。「朝7時に集合して散歩する」と決めたら、お互いに前日にリマインドをすればサボりにくくなるはずです。

歯磨きしながら、オーディオブックを聴く

▶ これまでの習慣とひも付ける

何かを続けたいと考えたら、これまでにすでに身についている習慣とセットにするのもいいでしょう。例えば「1日30分の読書」だったら、毎晩、入浴するとき湯船につかりながら読む、ランチを食べたあとのコーヒータイムに読むなどと決めると、習慣にしやすいはずです。

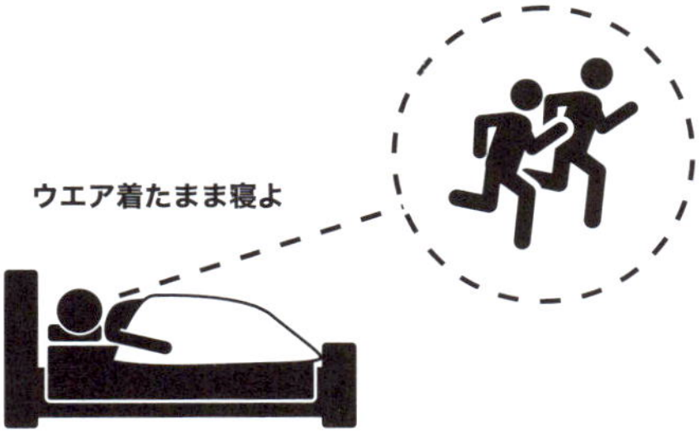
ウエア着たまま寝よ

▶ 事前準備をしておく

例えば、入浴中に本を読むのであれば、風呂に入る前の目につきやすい場所に本を置いておく。毎朝のランニングを習慣にしたいのであれば、前日にウエアやシューズを準備して置いておくなど、**準備をしておくことで、スムーズに行動に移せるはずです。**

まとめ
気分に左右される人は、ムラが出る。
小さなことでもやり遂げる人は、ある日急激な成長を実感する

足を止めず、走り続けよう。継続のための思考法

第 2 章

思考法 08 「受け身で流されがち」から「主体的なアクションを取れる」人へ

Before

受け身で流されがちな人

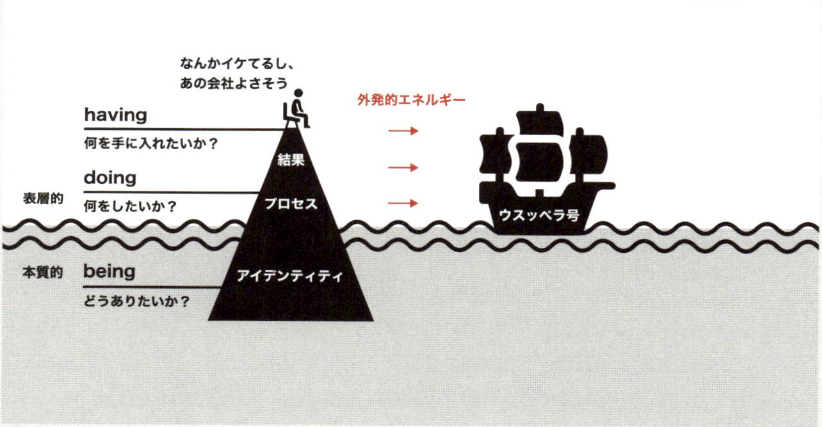

「みんなが」「世間が」に従うのが他人軸。人に流されると、どこにも行けず漂流するばかり

望む人生を送りたいけど、どうしたらいいかわからない。がんばっているけど、思うようにうまくいかない。そんなジレンマを抱えている人は、**自分が受け身で生きていないか、振り返ってみるといいでしょう。**「まわりもそうだから」といった他人軸でものごとを決めていると、世の中の荒波に流されて、どこへもたどり着けずに流されるばかりになってしまいます。私も「みんなが行っているから」という理由で大学に進み、「なんとなくカッコいいから」と建築学科を選んだものの、結局、授業に身が入らず留年→中退。その後も「友人が働いている」という理由で選んだ会社で、営業として働き始めましたが、成果をまったく出せずにクビになります。**そこから自分は本当は何をしたいのか問い続けて、ようやく「デザイナーになりたい」と主体的に決めたあとから、人生が大きく好転します。**

「自分はどうしたいか」。それさえ見つかれば、進み続けられる

Point

After

主体的なアクションを取れる人

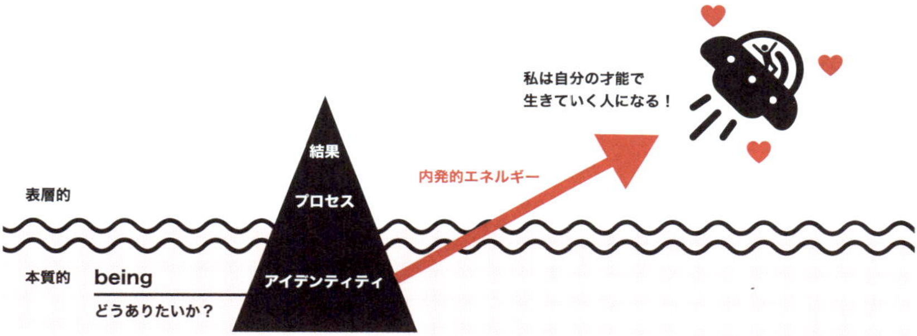

「being（在り方）」で自分の行き先を決める

自分が「受け身の判断」をしているか、「主体的に決めているか」を見極めるために、「being（在り方）」「doing（やり方）」「having（所有）」という考え方が参考になるでしょう。仕事選びを例に挙げると、「知名度があるから」「友達が働いているから」など世間体で決めるのが「having（所有）」、「福利厚生がいいから」「リモートワークできるから」などの条件で決めるのが「doing（やり方）」、そして、「こうなりたい」「これをやりたい」という自分の気持ちで決めるのが「being（在り方）」であり、主体的、自分軸であるということです。自分軸で決めるのは、人生という船の舵《かじ》を自分で握ることです。行き先を自分の意思で決め、そちらに向かって進んでいければ、思うようにならないという状況がなくなっていきます。

変化のためのアクション
「自分で決める」を習慣づけよう

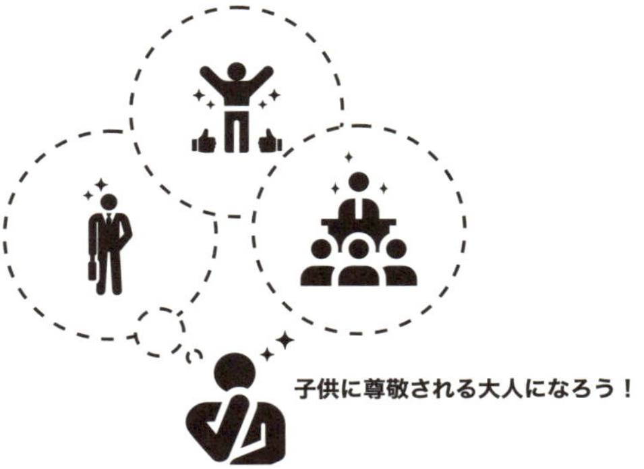

▶ 自分が叶えたい目標を見つける

主体的に行動できるようになるためには「叶えたい目標」を見つけることが大切です。目標は一生かけて叶えるような大きなものでなくて大丈夫。例えば、毎月５万円稼げる副業をする、SNSのフォロワーを１万人増やすなど、すぐに叶えたいことでいいのです。できるだけ具体的に設定することで、自ら動きやすくなります。

▶ 自分にとっての「正解」を見つける

まわりが「A」という映画を観に行こうと盛り上がっていても、「A」を心から楽しめるか、自分に聞くクセをつけましょう。そして、ときには「Bが好き」と言える勇気を持ちましょう。自分にとって何が一番心地いいか、「正解」を見つけようと心がけることで、まわりの意見や常識などに振り回されない自己を確立できるでしょう。

▶ 1ヶ月に1回でいいので、自分を振り返る時間をつくる

現代は情報にあふれていて、意識せずに受け止めていると「自分」がどうしたいのか見えにくくなることがあります。**1ヶ月に1回でいいので、自分は本当は何をしたいのか、どうするのが自分にとってベストなのか、振り返る時間をつくりましょう。**通勤電車の中でも、入浴中でもいいのです。自分に問いかけてください。

▶ 客観的なフィードバックをもらう

先輩や上司、尊敬できる人などにアドバイスや客観的なフィードバックをもらいましょう。自分とは異なる視点からの意見であらためて気づくことも多いはずです。まわりに思い当たる人がいなければ、コーチングなどのサービスを利用するのもいいでしょう。

まとめ
受け身で流されがちな人は、他人軸で動く。
主体的なアクションを取れる人は、自分軸で動く

思考法
09

「人の言うことを聞かない」から「人の言葉を素直に受け止められる」人へ

Before

人の言うことを聞かない人

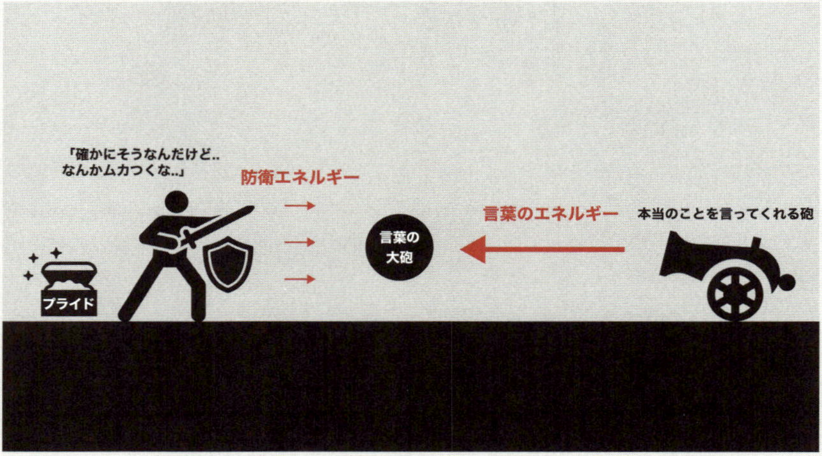

投げかけられた言葉に感情で反応するのは、伸びるチャンスを捨てるのと同じこと

自分のことを思って言ってくれているのに、指摘を受けると「ムッ」としてしまう。または、注意されるとつい、反論したくなってしまう。特に親しい間柄の人に「それ、よくないから気をつけたほうがいいよ」などと言われると、**否定されたような気がして反発したくなるといったこと、ありますよね。**そのようなときは、**いったん言われた言葉を受け止めて、自分はなぜ、指摘されて腹が立ったのか考えてみましょう。**「ムッ」とした原因は、その人の言い方だったのか、それとも言われた内容なのか。同じ指摘をほかの人から受けても腹が立つのか。自分はどうして腹が立ったのか、プライドが傷ついたからなのか……。言われたことに感情的に応戦してしまうと、せっかくのアドバイスが活かせないばかりか、人間関係も傷つける可能性があります。

プライドにしがみつかない。的確な指摘はすぐに実践することで大きく成長する

Point

After

人の言葉を素直に受け止められる人

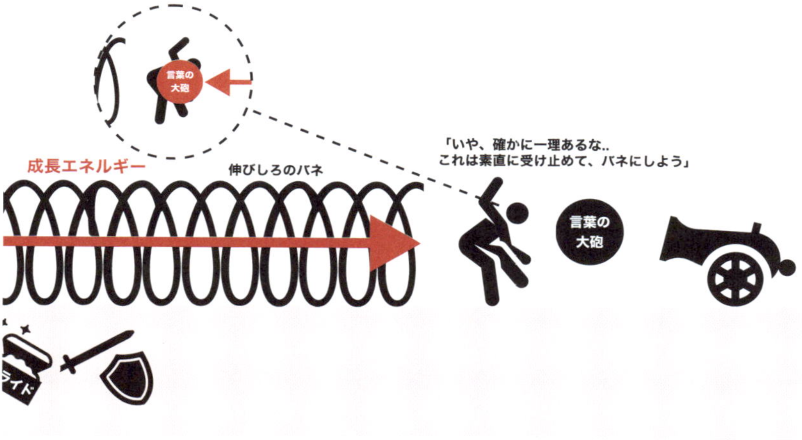

客観的な意見はすぐに取り入れる。的確な指摘は伸びしろを後押ししてくれる

私はあるとき、企業の経営コンサルタントをやっている友人に「どういう人材が一番成長するのか」と聞いてみたことがあります。**すると「アドバイスを素直に実践してくれる人」という答えが返ってきました。**幼いころは、何か間違ったことをしたら指摘してくれる人がたくさんいます。でも、社会人になったら、注意してくれる人はめったにいません。わざわざ指摘してくれた内容は、たとえそれが耳の痛いことだったとしても、素直に受け止め行動に移すことが成長につながります。私のXに、「引用紹介ではなく、オリジナルをつくれば？」というコメントがありました。コメントを見た瞬間は「何もわかってないくせに」と、頭に血が上りましたが、**よく考えてみたら一理ある。**そこから、オリジナルの図解を発信するように方針転換し、フォロワー数が劇的に増加したのです。

変化のためのアクション
素直に相手の言葉を受け止めよう

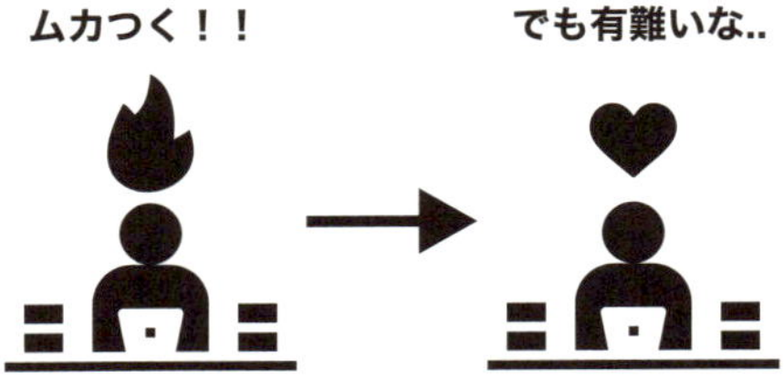

▶ 成長のチャンスととらえて、相手に感謝する

まわりからの客観的なアドバイスは、改善、成長のチャンスです。自分のためを思って、時間を割き、意見やアドバイスをくれたことに感謝する気持ちを持ちましょう。「自分のために言ってくれた」と考えれば、感情的になり反発することが減るはずです。

▶ 人から指摘されたことをメモに残す

先輩や上司、または友人などに言われたことがあったら、その場でメモしておきましょう。聞いただけだと忘れてしまい、同じことを繰り返す可能性がありますが、メモに残しておけば、あとから振り返るいい材料となります。

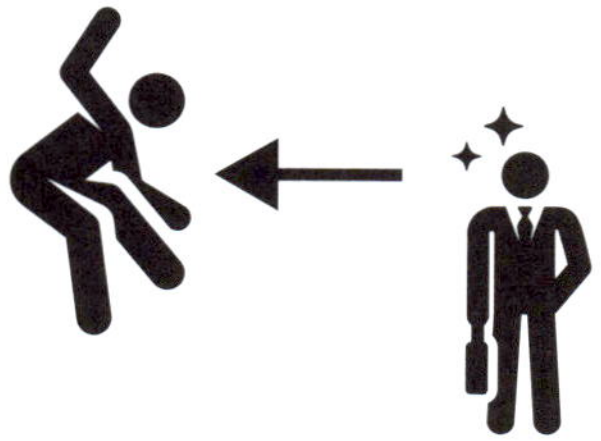

▶ 尊敬できる人のフィードバックを自分から求める

尊敬できる人には、日頃から「何かあったら、遠慮なく言ってください」「どうしたほうがいいか意見を聞かせてください」など、自分からフィードバックをもらいやすい環境をつくっておきましょう。**アドバイスを受けることに慣れてくれば、どんな意見も冷静に受け止めやすくなるはずです。**

▶ 瞑想をして感情をコントロールする訓練をする

「瞑想《めいそう》」と言っても、難しく考えなくて大丈夫。1分でもいい、お風呂に入っているときでもいいので、静かに目をつぶり、大きく深呼吸をしましょう。**ただ頭に浮かんだことを、もう1人の自分が客観的に見るだけでも、感情は落ち着いてきます。**

まとめ
伸びない人は、守りに入りる。
伸びる人は、素直に受け入れる

思考法 10

「どうせ○○だし」から「プロの自覚を持つ」人へ

Before

「どうせ自分なんて」と自己評価が低い人

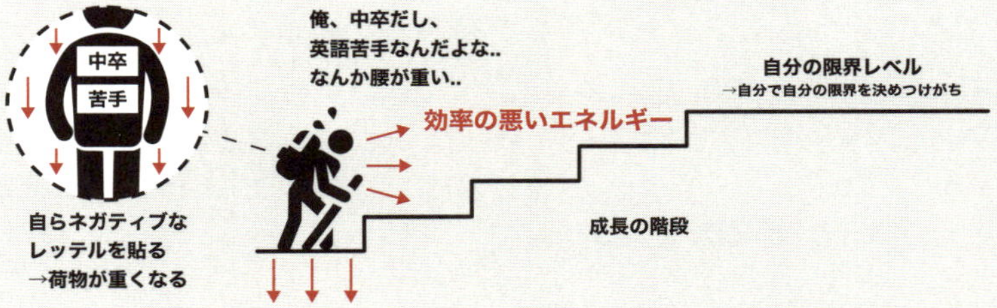

できない理由を探さない。自分の枠を広げる肩書きをつくる

　私はあるとき、継続して受けている英語のコーチに「どんな人が上達するのか」とたずねました。するとコーチは、**「“自分は中卒だし”“昔から英語苦手だったし”など、できない理由を考える人は上達しない」**と答えたのです。かつて私も営業をしていたころは「大学中退だし……」など、無意識のうちに自分にネガティブなレッテルを貼り、その言葉通りのさえない日々を送っていました。しかし、デザイナーになり自ら「デザイナー」という肩書きを名乗るようになると、デザイナーとしての振る舞いになり、起業して「代表」となると自然と「代表」にふさわしい行動がとれるようになったのです。**人は自分が自分をどう思っているかである「セルフイメージ」通りの行動をとります。**自分で自分にネガティブなレッテルを貼ると、自分をその枠に押しとどめ、成長を妨げてしまうのです。

人は自分で決めた「レッテル」通りの行動をする。どうせなら高いセルフイメージを持つ

Point

After

「プロの自覚」を持つ人

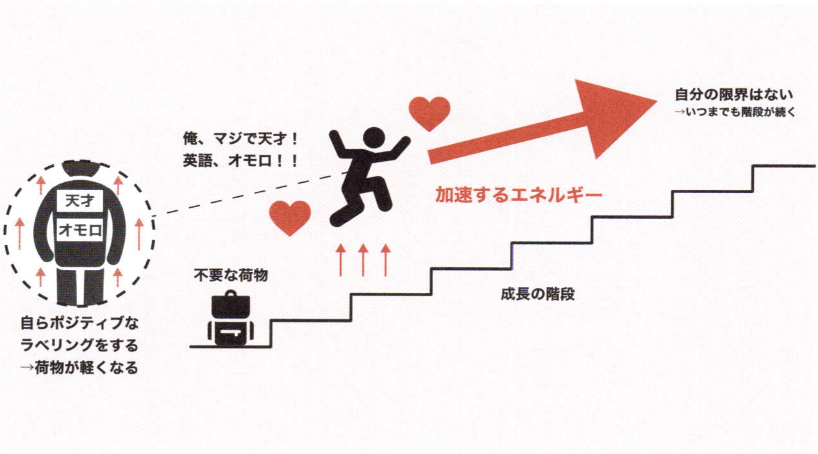

ポジティブなラベリングで、目標に向かうのが楽しくなる

あるとき私は「駆け出しデザイナー」と名乗っている人に、**「マーケデザイナー」のようなちょっとカッコいい名称に肩書きを変えることを提案しました。**すると、名前を変えた途端、その人の行動は変化したのです。それまではいかにも駆け出しの新人のような振る舞いをしていたその人が、すっかりプロらしい行動をとるようになりました。「たかが肩書きで？」と思うかもしれません。**でも「駆け出し」と名乗っていたら、「自分は駆け出し」と自分に言い聞かせているのと同じこと**なのです。反対にポジティブなラベリングをするだけで、脳はこれまで自分にはめていた枠を取り去って、力を発揮するように導きます。成果が出るようになれば、行動することが楽しくなりますし、目標に向かうのをつらいと思わずに前に進むことができるようになるでしょう。

変化のためのアクション
ポジティブなラベリングに変えよう

日本一分かりやすい図解にしちゃお

▶ SNSのプロフィールを変える

誰しもが毎日目にするSNS。掲載するプロフィールを自分の強みや特長を盛り込んだものにしてみましょう。「ヘルシー料理のプロ」「身体改善のスペシャリスト」など、一言加えるだけで、見るたびに脳にそうなった自分を印象づけることができるでしょう。

自己肯定感
爆上げ！

▶ 髪型や化粧、ファッションを理想通りに変えてみる

憧れの人のファッションやメイク、「ああなりたい」と目指すスタイルの髪型やコーディネートをそのまま取り入れてみましょう。見た目が変われば、まわりからの扱いも変化し、自分のセルフイメージも見た目通りに近づいていきます。

▶ チャットツールの名前を「@○○」と理想の肩書きに変える

「将来こうなっていたい自分」を思い浮かべ、その姿を自分の肩書きとして使います。例えば「ユキ@感謝されるイメージコンサルタント」「ケンジ@クリエイティブなアイデアの宝庫」などに設定することで、そうなったイメージを自分に届けることができます。

▶ 毎日鏡の前で「私は○○だ」とメッセージを送る

自分で自分のポジティブな姿、理想の姿を語りかけることで、セルフイメージを書き換えていきます。鏡に映った自分の姿にメッセージを送ることで、より強力に働きかけます。

まとめ
上達しない人は、ネガティブなセルフイメージを持つ。
上達する人は、ポジティブなセルフイメージを持つ

思考法
11

「いつも何かに追われる」から「余裕を持って取り組める」人へ

Before

いつも何かに追われる人

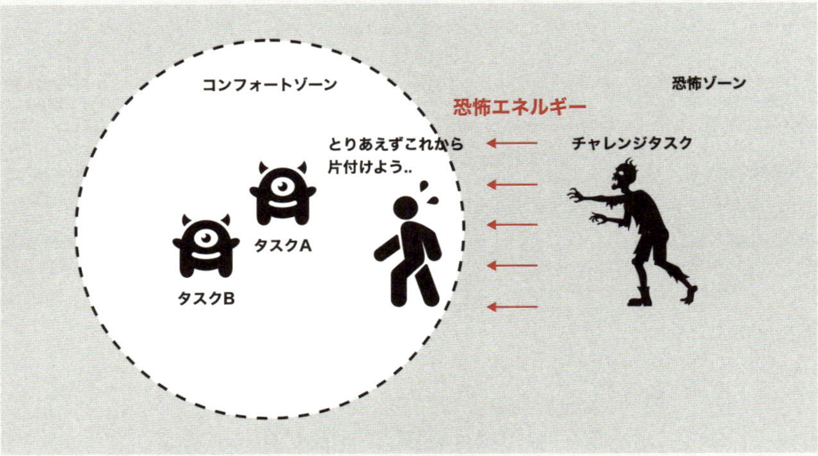

慣れているタスク、結果が出るとわかっていることを先にやっていない？

初めての仕事はついつい後回しにしてしまう。簡単で慣れた仕事から手をつけて結局、重要な仕事に手が回らない。そんな経験は誰にもありますよね。私の場合、「Xで5万フォロワー」という目標を達成したあと、優先順位が変わり、事業に力を注がなければならない時期になったのに、先延ばしをしていたことがありました。慣れ親しんだ「Xで1日2ポスト」という習慣を手放せず、そちらに手をかけるあまり、やらなければならないタスクを無意識に後回しにしていたのです。そうして、事業の進捗《しんちょく》に遅れが出ることがよく起こるようになり、共同創業者から指摘を受けて初めて、自分が「新しい」**タスクから逃げていた**ことがわかりました。誰しも、結果が出るとわかっているタスクを優先しがちです。しかし、**新しいチャレンジから目を背けたままだと、いつまで経っても成長できない**のです。

「やりやすいこと」ばかりに手を出さない。「恐怖」に向き合い、一歩踏み出すことで人生の目標達成に近づく

Point

After

余裕を持って取り組める人

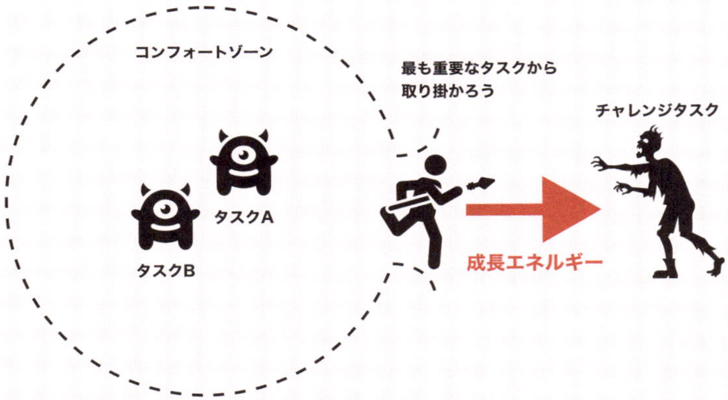

目の前の仕事に追われて「やった気」にならない。自分の人生の目標達成に重要なことに向き合う

世界中のビジネスマンから支持されている『7つの習慣』では、日々のタスクを4つの領域（①緊急で重要、②緊急ではないが重要、③緊急だが重要でない、④緊急でも重要でもない）に分類し、優先順位を決める手法が書かれています。多くの人は、例えば「メールの返信」などのように「①緊急で重要」と思われるタスクに気を取られ、新商品の企画や新規顧客の開拓など「②緊急ではないが重要」なことをつい後回しにしがちです。緊急でなくても重要なタスクは、今、取り組まなくても、すぐに困ることはないかもしれません。でも、**自分の人生の目標達成につながる大切なタスク**です。「午前中の1時間は必ず“②緊急ではないが重要”なことに使う」など、まずは時間を確保してしまうのがオススメです。

変化のためのアクション
「重要なこと」を考えるクセをつけよう

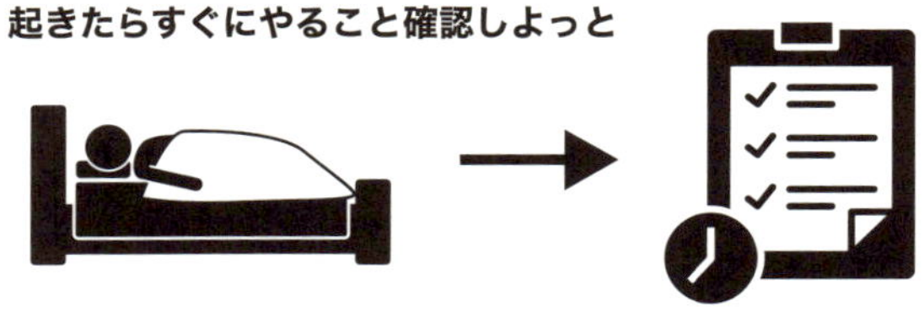
起きたらすぐにやること確認しよっと

▶ 何を最初にやるべきか確認する

やるべきこと、緊急ではないけど重要なことを先延ばしにしないためには、自分なりのルールを決めておく必要があります。**最も大切なルールが、何を最初にやるべきかの優先順位を確認することです。**前日の仕事が終わったときでも、夜寝る前でも、その日の朝イチでも構いません。自分にとってやりやすい時間に、1日にやるべき重要度の高い順番を確認しましょう。

今、最も重要なのは
この本を読み終えること

▶ MIT（Most Important Task）を設定する

すべてのタスクに優先順位をつけるのが難しい場合、「MIT」と呼ばれる、その日に最も重要なタスク３つを選びます。この３つを終わらせたら、ほかのタスクを片付けるようにします。

午前中の2時間はゴールデンタイム！

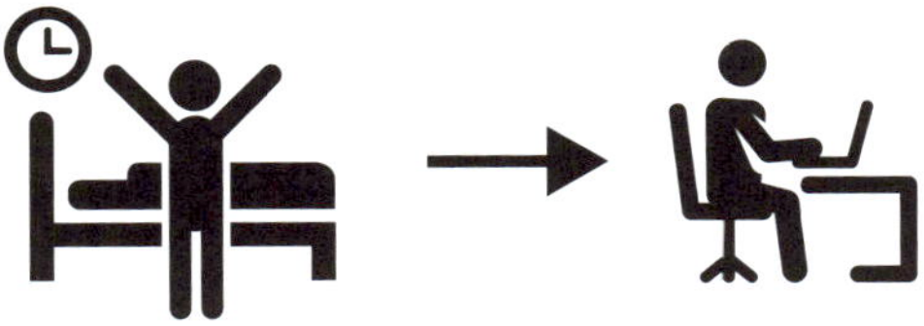

▶ 午前中はチャレンジタスクの時間にする

朝起きたばかりの時間は、睡眠によって脳が整理されている「ゴールデンタイム」。また、夕方になれば体が疲れてくるように、午後は脳も疲労しますので、やったことのない仕事、難しそうな仕事は午前中に着手するようにしましょう。

ランチ後は昼寝タイム

▶ 適度に休憩をとる

重要度の高いタスクややったことのない仕事にトライするには、集中力が必要です。人間の集中力は15分おきに波があり、最長で90分で限界に達すると言われています。そのため、いくらがんばろうとしても、1時間も集中すれば脳は疲れてしまいます。**ムリをせず15〜20分おきにこまめに休憩をとりましょう。**

まとめ
変わらない人は、恐怖から逃れる。
変わる人は、恐怖に向き合う

思考法
12

「なんとなく過ごす」から「明確な目標に向かう」人へ

Before

なんとなく過ごす人

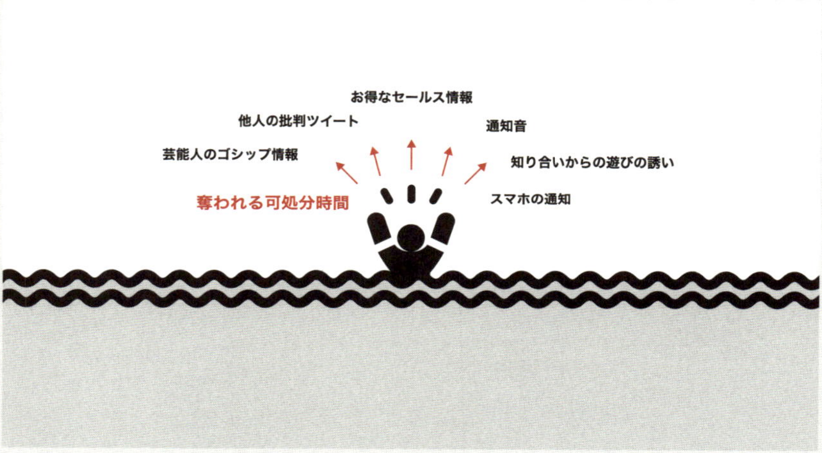

「自分の夢」を見つければ、達成するための情報だけが目に入る

私はつい最近まで明確な目標を持たず、なんとなくで流されて暮らしていました。大学は自分の成績で入れる建築学科に入ったものの、授業がつまらなくて図書館に引きこもるばかりで、結局中退。社会人になってからも、持った目標は、親を安心させるために「正社員になる」というだけ。今から思えば、その様子はまるで「自分の人生」という海に浮かんでアップアップしているようなもの。自分の意思で前に進むことなく、漂流していたのです。**そんな私が変わったきっかけは「デザイナーになる」と決めたことです。**そのときからは、デザイナーになるためにやるべきことに没頭し、それまで気になっていた、芸能人のゴシップ情報やスマホの通知、友人からの遊びの誘いなどが目にとまらなくなったのです。

目的地を設定しないと、ただ日々を過ごすだけで終わる。100年後まで見据えれば、やるべきことは見えてくる

Point

After

明確な目標に向かう人

ただ「楽しい」だけで終わらない。充実した人生を送るカギは自分の夢を見つけること

誰でも、プールで前に向かって泳ぐときは、いかにゴールに着くかだけを考えているはずです。「プールサイドにこんな人がいる」とか、「赤い服の女の子が自分を見てる？」など、まわりを気にすることはないでしょう。「自分の人生」という海でも同じこと。**先に達成したい明確な目標があれば、ゴールに向かうことにエネルギーを集中できる。**1年後、3年後、5年後、そして10年後や20年後まで考えると、それぞれ異なる目標が見つかるはずです。**理想は、一度、しっかり自分と向き合う時間をつくり、100歳までの人生計画を立ててみること。**すると、最終的に理想の状態に到達するためには、20年後までにどうなっていたいか、5年後までに何を達成していたいかが見えてきます。そうなれば、人生の海で流されることなく、迷いなく行動していけるはずです。

変化のためのアクション
目標や夢を見つけ出そう

5/25

▶ 25個やりたいことを書き出し、最も達成したい５個に絞る

まずは、なんでもいいのでやりたいこと、達成したいこと、こうなったらいいなということを、25個書き出してみましょう。達成できるかできないかは、最初は考えなくてOK。「億万長者になる」「世界一周する」「新しいスマホを買う」などでもいいのです。その中からどうしても達成したいこと、５つに絞り込みます。

▶ 目標を毎日目にする場所に書く

目標の数は５つくらいが意識に残りやすく、実践しやすいはずです。そして**目標を毎日目にする場所に書き出しましょう。**スマホのメモ帳でも、デスクでも、冷蔵庫のドアでも構いません。常に目にして意識することで、夢に向かって進む道が見えてきます。

▶ ゴールの設定は「SMART」の法則で

「SMART」とは、具体的（Specific）、測定可能（Measurable）、達成可能（Achievable）、関連性がある（Relevant）、期限付き（Time-bound）で目標を設定しましょうということです。**ダイエットしたいのであれば「3ヶ月後までに、体重を3kg、体脂肪率を5％減らす」のような目標の立て方です。**

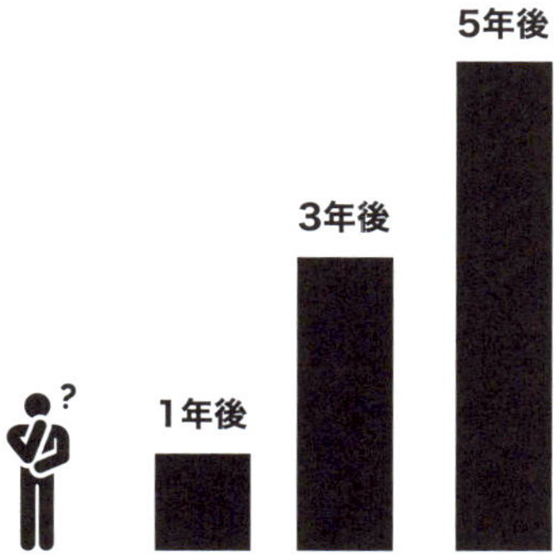

▶ 1年後、3年後、5年後の目標を考える

今すぐ叶えたい目標はもちろん、1年後、3年後、5年後にどうなっていたいかも考えてみましょう。もちろん、10年後、30年後、そして100年後にどうありたいかイメージするのもいいでしょう。目標は途中でいくらでも変更して構いません。でも、こまめに想像してみることで目標以外のことに気を取られる時間が減ってくるはずです。

まとめ
人生が停滞している人は、目標がない。
人生が進んでいる人は、夢中で目標に向かっている

思考法
13
「すぐに飽きがち」から「続けることが楽しい」人へ

Before

すぐに飽きがちな人

「心から望む何か」でないことには、どれほどがんばっても忍耐は続かない

自分で決めた目標に向かう道筋で、ときにはちょっと疲れたり、休みたくなることもあるでしょう。また、何か課題に突き当たり、前に進むのをやめたくなってしまうこともあるかもしれません。**それでもくじけずに、達成に向かっていくためには、「忍耐力」が必要だと私は考えます。**ここで言う「忍耐力」とは、じっと耐えるとかガマンするといった、受け身の意味ではありません。粘り強く前に進む力、そして諦めずに継続する力のことを指します。実は、何かをやり続けるために最も重要なのは、そもそも「自分の心が本当に望む目標を見つけること」です。もちろん、そんな目標は「見つけよう」と思ってすぐに見つかるものではありません。**自分の心と向き合い、これまでの人生を振り返り、試行錯誤してやっと見つけられるものなのです。**

「飽きて続けられない」のは性格ではない。飽きずに続けられる目標が見つかっていないだけ

Point

After

続けることが楽しい人

犬がテニスボールを夢中で追いかけるような「何か」を見つけるのが人生の目的

「Dropbox」の創業者であるドリュー・ヒューストンは、「サークル」「3万」「テニスボール」が、人生に大切な3つのコツだと言います。「サークル」とは刺激的な仲間のこと。仲間に囲まれると自然と影響を受けて、成長できるという意味です。「3万」とは、人生80年と考えたときに、生きていられる日数のこと。彼は、9000日を消費したところでこの日数に気づいて焦ったと言います。そして3つ目の「テニスボール」とは、テニスボールを一生懸命追いかける犬のように、心から夢中になれる何かを見つけるということ。ドリューの友人には、企業で働き高給をもらっている人が何人もいますが、本当にやりたいことではないため、グチを聞かされることも多いそうです。でも、**時間をかけても心からやりたいことを見つけた人は、目を輝かせて自分の人生を生きている**のです。

変化のためのアクション
「心から望むこと」を見つけよう

▶ 無意識で夢中でやっていることをメモする

ゲームでも、サッカーでもいい、どんなことでも構いません。**これまでの人生で夢中になってやっていたことを書き出してみましょう。**子どものころに時間を忘れてやり続けていたことなどでもいいでしょう。それが、人生の目標のヒントになるはずです。

▶ 夢中になりながら、稼げる職業を調べる

ゲームであれば、ゲーム開発、解説、宣伝など、ゲームに関係しながら、お金を稼げそうな仕事を探してみましょう。サッカーだって選手になる以外にも、グッズを開発したり、栄養面で選手をサポートしたりなど、思っていた以上にたくさんの仕事があることがわかるはずです。

▶ 今興味があることに対して動いてみる

「海外旅行に行きたいけど、休みが取れない」のであれば、**行きたい国の動画を観たり、旅程を考えたり、何かしらの行動を起こしてみましょう。**やってみたら興味が薄れるかもしれませんし、反対にもっと知りたくなるかもしれません。動いて自分の感覚で「好き嫌い」を感じてみましょう。

まとめ
成長できない人は、仕事から逃げる。
成長できる人は、仕事に没頭する

思考法
14

「ひたすら努力する」から「楽しんでうまくいく」人へ

Before

ひたすら努力する人

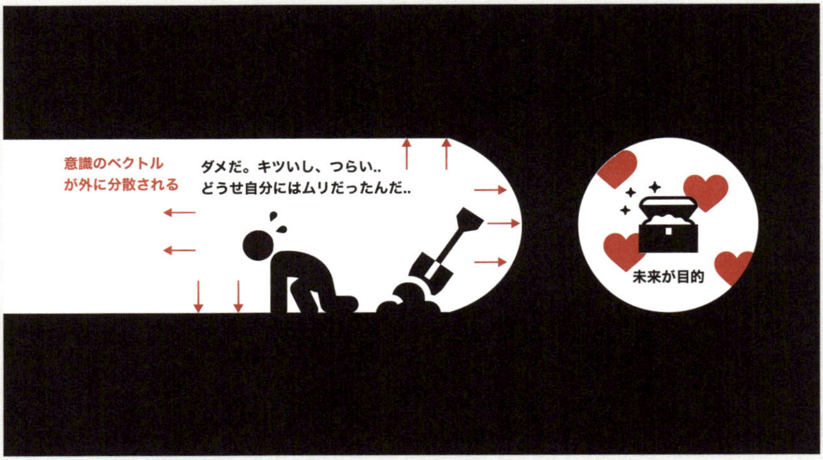

脳の働きを味方につける。楽しいと感じるやり方に変えれば苦もなく続けられる

目標に向かって進もうとしても、いつも途中でくじけてしまう。**なかなか継続できないと悩む人は、手段の選び方を変えるといいでしょう。**なぜなら、人は「楽しい」と感じることは苦もなく続けられるけど、楽しくなければやりたくなくなるからです。私も「大学を卒業する」という目標はあったものの、そのころは、授業がまったく楽しくありませんでした。「卒業」というゴールに向けて、「今」を犠牲にしている気がしてつらく、結局、中退してしまいました。でも、私たちの脳内では「楽しい」と感じると、ドーパミンという快楽物質が放出されます。**すると、脳は「この快楽をまた味わいたい」と、同じ行動をとるように仕向けます。**そうして、いい刺激を受けた行動は、苦もなく繰り返せるようになり継続することができるのです。

修行のように「今」を犠牲にしても続かない。
楽しくないことは続かないのが人間の脳の仕組み。

Point

After

楽しんでうまくいく人

過程を楽しみに変えると継続できる

例えば、ダイエットしようと思って「夏までに5kg痩せる」という目標を立てたとします。でも、食事の量を減らすだけではつらくて続かない。**楽しくダイエットするためには、例えば、料理が得意なのであれば「ヘルシー減量食レシピ」を、毎日SNSにアップする、ウォーキングが好きなら、毎朝、仲良しの友人と一緒に散歩するなど、過程そのものを楽しくするように工夫します。**すると、もしかしたら、同じようにダイエットしたい仲間のフォローが増えるかもしれませんし、オシャレなウォーキングウエアを探す楽しみが見つかるかもしれません。そうして、過程そのものが目的に変化すると、努力と感じずに継続できるようになるでしょう。

変化のためのアクション
継続そのものを楽しむために工夫しよう

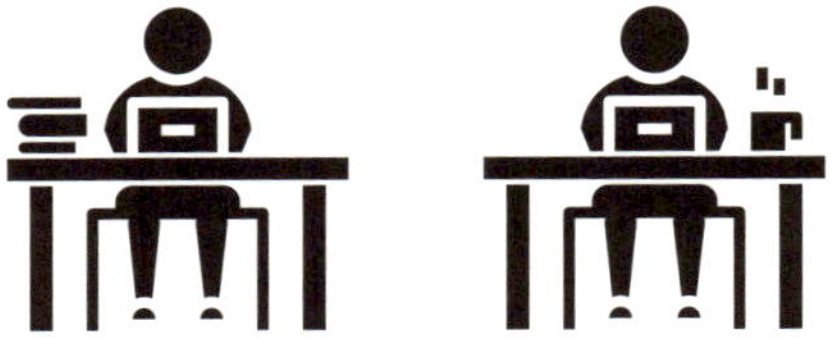

▶ 友人や家族と過程をシェアする

同じ目標を持つ家族や友人と、過程を共有しましょう。うまくいったらお互いに喜び合い、くじけそうになったら励まし合う。そんな仲間がいれば、1人で黙々と努力を続けるよりも何倍も、過程が楽しくなるはずです。定期的に会って報告をし合うのがいいでしょう。

▶ 日々自分をほめることを習慣にする

どんなに小さなステップでも、前に進んだ自分を認め、ほめるようにしましょう。夢を持つ人の多くは「自分はまだまだ」と自分に厳しく接します。でも、誰よりも自分が「がんばっている自分」を認めてあげることでやる気を継続させ、楽しみながら前に進むことができるのです。

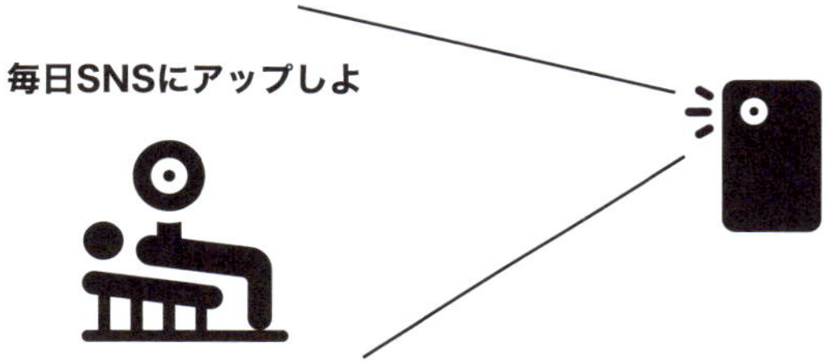

▶ 変化を可視化して記録、投稿する

過程の変化を書きとめたり、画像で残して視覚化しておくことで、自分の成長や進歩を実感し達成感を得ることができます。また、ブログやSNSに投稿すれば、共感してくれるフォロワーや同じ目標を持つ仲間が見つかる可能性があり、お互いに楽しみながら継続することができるでしょう。

まとめ
ひたすら努力するだけでは、続かない。
楽しんでうまくいく人は、努力の過程すらも楽しむ

つまずいても
起き上がる。
困難を
克服するための
思考法

第 3 章

思考法
15
「1人で悩み続ける」から「うまくいっている"先人"に会いに行く」人へ

Before

1人で悩み続ける人

壁に突き当たったときこそ、1人で考え込まない

自分なりの目標は見つかった。「よし、やるぞ！」と、目標に向かって動き出したはいいけれど、壁に突き当たり、どうやって乗り越えていいのかわからない……。せっかく動き始めたのに、こうなってしまうのはもったいない。私も実は、Xのフォロワー数を伸ばすためにデザインに関する発信をずっとしていました。でも、自分なりにどう工夫してもフォロワー数は3000人止まり。停滞したままの時期があったのです。**何をすべきかがわからない。私はその原因はシンプルにインプット不足だと考えます。1人で解決できる問題など一握りほどしかありません。自分の外に手がかりを探りに行きましょう。**1人で解決できないからといって、自分を責めたり、諦めたりしないでほしい。そうではなくて、「インプットを増やせばいいんだ」と考えてほしいのです。

1人で解決できないなら、解決できる人に話を聞きに行こう

Point

After

うまくいってる"先人"に会いに行く人

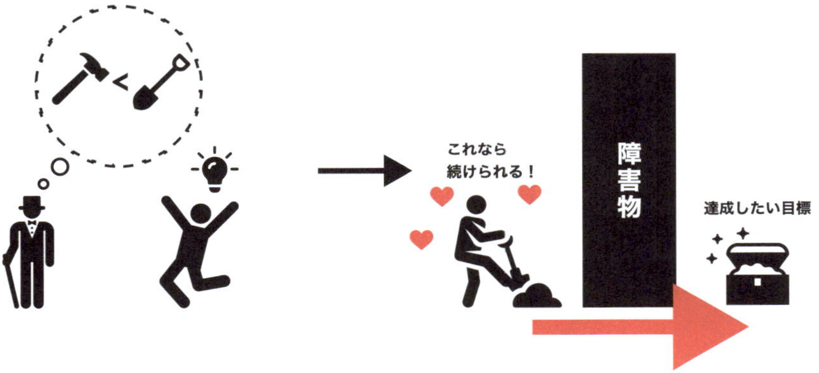

すでにうまくいっている人に聞くことでどうするべきか見えてくる

棋士の羽生善治《はぶよしはる》は、「三流は人の話を聞かない、二流は人の話を聞く、一流は人の話を聞いて実行する、超一流は人の話を聞いて工夫する」という言葉を残しているそうです。**壁に突き当たったとき、やるべきなのは「自分が目指す分野の成功者に聞く」ことです。「1人で解決しなければいけない」などと思う必要はありません。**例えば私の場合、経験もないのに「デザイナーになる」と決めたときも、すでにデザイナーとして活躍している人や、制作会社に面接に行ったときの人事の方にも「どういう人なら、デザイナーとして採用したいですか」と聞いてヒントにしました。例えば、理想のパートナーを見つけたいけど、自分なりに行動していても出会えない。そうであれば、理想の相手と付き合っていたり、結婚したりしている人に聞きに行けばいいのです。

変化のためのアクション
「先人」を見つけよう

▶ 多くの課題を解決している人に相談する

課題に突き当たったとき、自分が叶えたい夢を実現した人に「どうしたらいいか」聞いてみるのが最も近道です。でも、同じ分野や同じ業界でなくても、成功している人は、私たちの想像以上に多くの課題を乗り越えてきています。自分の目指す道とは異なる分野でも、成功している人に聞いてみることでたくさんのヒントが得られるはずです。

▶ ケーススタディに学ぶ

自分ではどうしようもないと思う状況に陥った。**そんなときは、ドキュメンタリー番組でも書籍でも構わないので、同じような課題を解決した人のストーリーを読んだり観たりするのもいいでしょう。**自分の問題から離れて事例に学ぶことで、新たな解決策が見えてきます。

▶「もし、あの人だったらどうするだろう？」と考えてみる

自分が尊敬する人がいたら、その人だったらどうするだろうと考えてみるのも、凝り固まった考え方を柔軟にする１つの方法です。実在の人物ではなくても、歴史上の偉人や物語のヒーローでも構いません。自分ではない別の人だったらどうするかと問いかけることで、脳が別の視点での解決策を模索します。

まとめ
１人で悩み続けてもインプットには限界がある。
うまくいっている“先人”は、１人では見えない世界を見せてくれる

思考法
16

「もうムリ、とすぐ諦める」から「限界を突破できる」人へ

Before

もうムリ、とすぐ諦める人

低下していくモチベエネルギー
いや、もうさすがに限界..
マジでキツい..

「10秒の壁」は、1人が破ると達成可能になった

筋肉は、「もう、ムリ！」と感じたところから、さらに数回追い込むことで効率的に鍛えることができると言われています。**私は人の成長も、筋トレと似ているところがあると思っています。**以前は、男子100m競走では「10秒の壁」が存在し、10秒を切るのは達成困難だと考えられていました。ところがあるとき、9秒台を記録した選手が現れると「達成可能」だと考えられるようになり、次々と9秒台を狙《ねら》う選手が出てきました。このように「限界」というのは、人間が勝手に思い込んでできているものが多いのです。ムリだと思うことでも、「まだイケる」と考えを変えるだけで、突破できる可能性が高まるのです。

限界を決めているのは、常に自分であることを忘れない。限界を超えてからが本当の成長

Point

After

限界を突破できる人

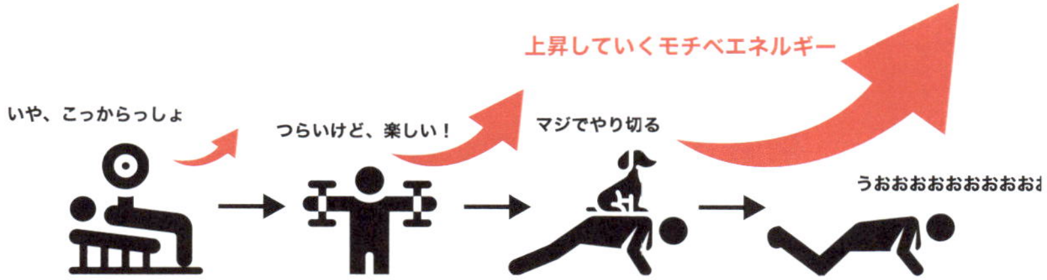

最初は、自分で設定している限界をほんの少しでいいから、超えよう

成功している起業家や経営者には「この人、おかしい？」と思われるくらいに、熱中して取り組む人が少なくありません。成功者は他の人がしないような努力をしているから「クレイジー」に見えると言えます。そうして困難を乗り越えて成長体験を得る、それが次の成長スピードを加速させているのは間違いありません。だからといって、私はここで「クレイジーだと思われるほどムリをしなさい」と言いたいわけではありません。筋トレだって、ムリな負荷をかけたらケガにつながるからです。**ただ私は、自分で限界を設定しているのであれば、そこから少しでも超えるようにしてみたら、成長速度がアップすると考えています。**例えば、筋トレをして「もうムリだ」と思ったところで、もう1セットだけやってみるなど。**自分が「ムリかも……」と思ったポイントを超えてみることで、停滞した状況を抜け出すことができるのです。**

変化のためのアクション
「限界」を少しでいいから、超えてみよう

▶ 自分よりもレベルが高い人たちと一緒にいるようにする

例えば運動が好きなら、ジムのトレーナーやヨガのインストラクターなど、教える立場にいる人たちと時間を過ごします。**なぜなら、プロのトレーナーたちは私たちが考えるよりはるかに高い基準でトレーニングをしているから。**その事実を見るだけで、自分の持つ基準値が引き上げられるからです。

▶ 限界を突破した状況から現在を振り返る

悩んでいるときは「どうしたらいいか？」と、今の自分がどうすべきか考えがちです。そうではなく**「もし、この問題が解決した自分だったら、今どうする？」と考えます。**問いかけることで「理想の未来にたどり着いた自分」の解決策が見えてきます。

（毎日、映画のような喜びと感動の
充実した1日を味わっている..）

▶ 目標を達成した自分をイメージする

プロスポーツの世界では、限界を設けずに理想通りの活躍をする自分をイメージするトレーニングは日常的に行われています。**同じように、停滞した状況を乗り越えている自分の姿をイメージしたり、目指す姿を実現している人の動画を観たりして、いいイメージを脳に送り込みます。**そうすることで、理想の姿をリアルに感じ、達成への意欲が高まるのです。

まとめ
成長しない人は、他人と同じ努力をする。
成長する人は、他人がしない努力をする

思考法
17

「覚悟が決まらない」から「リスクを取って覚悟を決める」人へ

Before

覚悟が決まらない人

目先の出費を惜しむと、成長速度が鈍化する

私は大学の授業料を親に払ってもらっていました。当時はそのありがたさがまったくわかっておらず、授業中に寝ていてもサボっても、失うものは時間だけ。その時間すらムダにしているという感覚がありませんでした。そんな中途半端な覚悟で大学に通っていたため、結局、留年したあげく、中退したのです。

そのころの私と同じように、多くの人は無料のサービスに慣れすぎていて、自分のためなのに、自己投資を躊躇《ちゅうちょ》することが少なくありません。例えば、ダイエットしたいと思っていても、ネットで検索した料理レシピを参考にしているだけでは、なかなか続かないでしょう。でも、お金を払ってカロリーや栄養素を計算してくれるジムに入会するなどすれば、毎日参考にするはずです。

成長が速い人は、リスクの取り方がうまい人

Point

After

リスクを取って覚悟を決める人

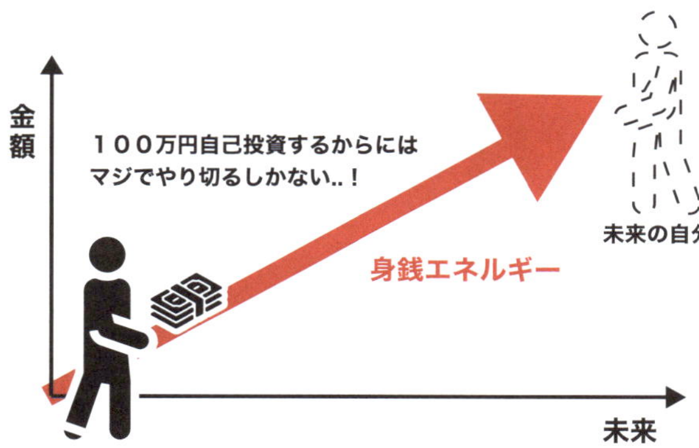

「1年後の成長」を基準に自己投資する

私は「バイトをして学費を稼ぎながら、デザイナーの学校に1年通う」か、「今すぐデザイナーとして就職、そして働きながら学校に通う」か、どちらが1年後に成長しているかと考えました。そして出した結論が、**今すぐ借金してでも学校に通い始め、同時にデザイナーとして就職すること。**こちらのほうが成長速度が速いと考えたからです。**覚悟を決めて100万円借金して通ったせいか単なる学生として学ぶ数倍もの速さで吸収できた**と思っています。

投資する価値があるかどうかの基準は、私のように「1年後にどちらが成長しているか」で判断するといいでしょう。1年が長いのであれば、半年後、3ヶ月後でも構いません。3ヶ月後に3kg痩せるためには、無料のレシピでメニューを考えるより、ジムに入会するほうがいいと思えたら、覚悟を決めて投資すればいいのです。

変化のためのアクション
身銭を切って「自分に投資」してみよう

▶ 毎月１つ新しいことを始める

何か新しい趣味を始める、読んだことのない本を読む、単発のセミナーに参加するなど、**毎月１つ、新しいことを始めてみましょう。**小さくてもリスクを取って得られるものを実感することができ、経験の幅が広がるため、未知の分野に踏み出す勇気を身につけられるでしょう。

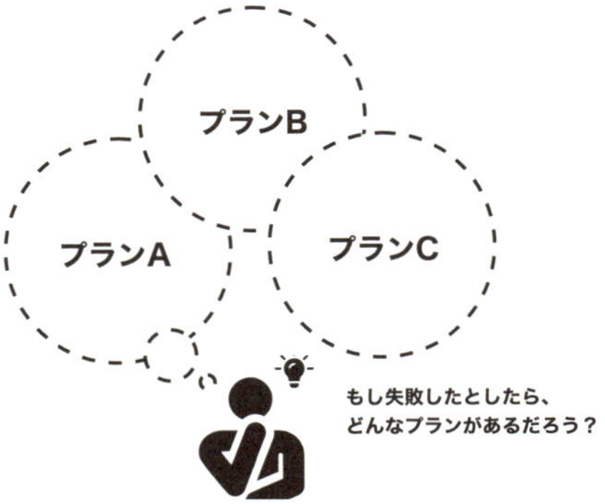

▶ うまくいかなかったらどうするかを事前に考えておく

何かにチャレンジする前に、もしうまくいかなかったらどうするか、いくつか案を考えておきます。**失敗しても大きなダメージにならないようにできるとわかれば、不安が軽減されます。**そして、挑戦するというリスクを取ることへの心理的なハードルを下げることができます。

▶ 自分とは異なる分野で働く人たちと積極的に交流する

日頃接している業界とは違う分野で働く人や、自分とは異なるバックグラウンドを持つ人などと、積極的に交流しましょう。新たな視点や未知の情報を得ることができ、リスクに対しても柔軟な考え方を身につけることができます。

まとめ
リスク回避ばかり考えると、覚悟が生まれない。身銭を切ることで覚悟を固めやすい

思考法
18

「いつもスマホが気になる」から「“自分”を見つめて修正できる」人へ

Before

いつもスマホが気になる人

注意散漫エネルギー
檻の中の本能でしか物事を見れない

「注意力が散漫になっている自分」に気づくこと

何か課題を乗り越えなければならない局面では、集中力が必要です。でも、集中しようと思っても、ついスマホの画面を見てしまう、タスクに取り掛かっても10分もしないうちに飲み物を取りに行ってしまうなど、**ほかのことが気になって、注意が散漫になってしまうことってありますよね。**私も以前は、何かを調べていたら、いつの間にか自分が欲しいものを検索していたなんていうことがよくありました。やるべきことに集中できずに時間ばかり過ぎることも少なくなかったのです。でもこれは、集中力が人に比べて劣っているわけではなく、単に「注意が散漫になっている」と気づけていないだけなのです。

集中できる時間は誰でも同じ。気が散る人は、注意が散漫になっている自分に気づいていないだけ

Point

After

“自分”を見つめて修正できる人

「メタ認知」スキルが高い、アイドルモンキーになる

人気のアイドルは、自分を客観視する力が高いものです。なぜなら、どんなふうに笑顔をつくったら喜ばれるのか、どんな仕草がカワイく見えるのか、どう振る舞ったらアイドルっぽく見えるのか、常に意識しているからです。**つまり、自分を「メタ認知」する力があると言えます。「メタ認知力」は、生まれ持った能力ではなく、日々、鍛えることができます。**「メタ認知力」を鍛えれば、ついついスマホを見てしまったときも、もう1人の自分が「あ、今、自分はスマホ見てる」と気づくことができ、軌道修正ができます。そうして自分の行動を冷静に分析できるようになれば、気が散っている状況から、素早くもとの作業に戻ることができるのです。

変化のためのアクション
「自分を俯瞰する」練習をしよう

（高次の視点で眺めてみると
なんでこんな些細なことで
悩んでんだろ..笑）
つらい..

▶ 自分を「メタ認知」してみる

常に「もう１人の自分」が俯瞰《ふかん》していると想定し、その自分はどう思うかと、さまざまな場面で自分に問いかけます。客観的に見れば、「仕事中も５分おきにスマホを手にする自分」は、不要な行動を繰り返して滑稽《こっけい》に見えるかもしれません。繰り返すことで、自分を冷静に客観視できるようになるのです。

7:00
あ、7時になったから
ネトフリ観よ

▶「スマホで動画を観る」ことを予定に組み込む

どうしてもスマホを見てしまうという場合、「スマホで動画を観る」ことをタスクとしてリストアップします。そして、「7時からスマホで動画を観る」など、予定に組み込み、それ以外の時間は忘れるようにするのです。

▶ やるべきことに制限時間を設定する

例えば、何かを調べていてもついついネットサーフィンしてしまう傾向があるのであれば「10分以内に、これについて調べる」「5分で○○について知る」など、制限時間を設定します。その時間内に終わらなければ、もう一度、時間を設定してやり直します。

まとめ
いつもスマホが気になる人は、「今の自分」が見えていない。
集中できる人は、「今の自分」を客観的に修正できる人

思考法
19

「自己流で苦戦する」から「先行事例を取り入れて結果を出す」人へ

Before

自己流で苦戦する人

先人の知恵から学ばずに自己流を貫くと行き詰まる

日本には、武道や茶道などを学ぶ段階を表す「守破離《しゅはり》」という言葉があります。「守」は、師匠の教えや型を忠実に守り身につける段階、「破」は、身についた教えを発展させる段階、そして「離」は、教えや型から離れて独自に新しいものを生み出す段階です。**なかなか実力が身につかず、壁に突き当たると前に進めなくなってしまう人は、いきなり「離」の段階で行動する、つまり人から学ぼうとせずに自己流でやりがちです。**例えば、営業マンであれば、トップセールスにトークの組み立てを聞いたり、しゃべり方を真似したりするところから始めるべきなのに、自分で考えたやり方だけで、なんとかしようとする。すると、自分の持つ知識でしか解決策を思いつかず、行き詰まってしまうのです。

「真似＝悪」ではない。先人たちが積み上げた巨大な英知から学び、活かしていく

Point

After

先行事例を取り入れて結果を出す人

なるほど　こういうやり方で成功したのか！
まずは徹底的に真似して、やってみよう！
先人たちが積み上げた
巨大なエネルギー
仕事の壁

丸パクリではなく、要素を抜き出して言語化して真似をする

もちろん、デザインなどの著作権のあるものは、そのまま真似をすればいいというわけではありません。では、どうやって「先人の積み重ねた知恵をもとに、新しい発見をする」か、デザインを例に説明しましょう。まず、人気があるデザイン、自分がいいと思うデザインに対し「なぜ、これが喜ばれるのか」「自分はなぜ、これをいいと思うのか」を徹底的に言語化します。**そして、「余白の使い方がいい」「色の統一感がセンスを感じさせる」など、見えてきたことを応用するのです。**一般的な企業でも、他社の成功例から学び、自社に応用するのはマーケティングの１つの手段として、日常的に行われています。グルメチャンネルが人気なら、クイズ形式でグルメを紹介するなど、「守」から始め、「破」で発展させ、「離」でオリジナルにすればいいのです。

変化のためのアクション
“先人の知恵”を取り入れてみよう

▶ 結果を出している人の仕事の真似をする

誰でも身近に「結果を出している人」が、１人や２人、いるはずです。そうした人たちの仕事のやり方を分析し、話し方、話の組み立て方など、まずは真似してみましょう。「ここはいいや」など、**自分流にアレンジせずに、徹底的に真似をしてみることで、自分に不足している部分が見えてきます。**

▶ フレームワークを使って課題を見直してみる

「５Ｗ１Ｈ」は、要素を考慮し、状況や原因を探る、昔からある優れた手法です。ほかにも、「As-is/To be」という比較・分析の手法、「STP-4P」というマーケティングのための思考法など、決められたフレームワークに当てはめると、問題の原因や解消すべき点が明らかになります。

▶ 結果を出している人に相談する

自分がどんなところでつまずいているか、何に困っているか、結果を出している人に相談してみましょう。行き詰まっているときは視野が狭くなり、自分なりの考えにとらわれがちです。すでに成果をあげている人に相談すれば、新たな視点からの解決法を教えてくれるでしょう。

まとめ
進みが遅い人は、自己流でやる。
進みが速い人は、成功例を真似する

思考法

20

「ダラダラしてしまいがち」から「やらざるを得ない環境に追い込める」人へ

Before

ダラダラしてしまいがちな人

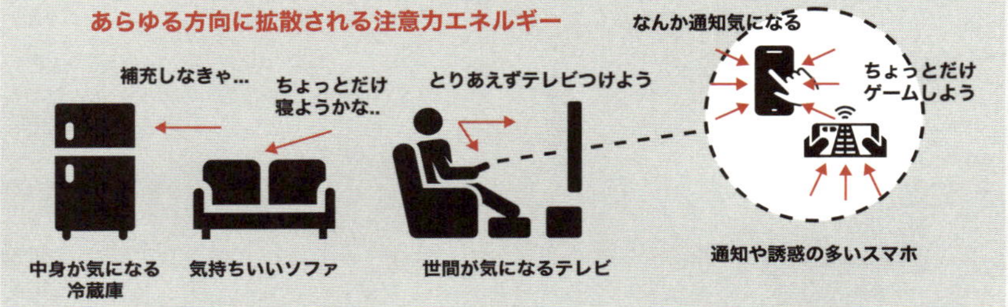

集中できないから結果が出ない、どんどんハマる負のスパイラル

集中できる時間は、誰でも同じです。人は、15分すると集中力がいったん落ち込み、また15分集中するのを繰り返し、最終的には45分、そして90分経つと集中力が途切れると言われています。でも、ダラダラしがちな人は、その人間のリズムについて知らず、やる気や集中力は自然と湧き出てくるものだと考えます。やるべきことに没頭できず、ダラダラと作業していると、成果を生み出せずに「仕事がつまらない」と感じます。私も営業職だったころは、仕事がつまらなく、終業時間が待ち遠しくてたまりませんでした。もちろん、自分の心が望む仕事ではなかったという理由もあるでしょう。でも、集中できないから成果を出せない、その結果「自分はダメ」と自己否定を続け、どんどんやる気がなくなるという負のスパイラルにハマっていたのです。

自分の「意志の力」に頼らない。成果を出す人ほど「集中できる環境」をつくる

Point

After

やらざるを得ない環境に追い込める人

仕事効率が高いエネルギー
誰かに見られている
という緊張感
机と椅子とPCだけ
or
仕事するか寝るかだけ

努力できる人は
集中するための「仕組み」を持っている

集中できる人は「人の集中力は続かない」と知っています。だからこそ集中するための仕組みやルーティンなどをうまく取り入れているのです。私は、作業をする場所にはベッドやソファを置かず「ついゴロンとしたくなる」要素を排除しています。スマホも別の部屋に置いて、存在を忘れるようにもしています。また私は、作業と休憩を繰り返して集中を維持する「ポモドーロテクニック」を取り入れています。「ポモドーロテクニック」では、25分間作業を続けたら、5分の休憩を取ります。これを4回繰り返したら、30分の長めの休憩を取るのです。「ポモドーロテクニック」のように、短い時間に1つのタスクに集中させると「あれもやらなきゃ」「これも終わらせないと」などと、意識が散漫になることを防ぎ、集中しやすくなります。

変化のためのアクション
環境を味方につけて、「集中」を手に入れよう

▶ ベッドやソファがある場所で作業をしない

ベッドやソファなどが目に入ると、どうしても「ちょっと休もうか」という気持ちになります。**自宅で作業をすることが多いなら、スマホなども含めて、デスクまわりには気が散るものを置かないことを徹底しましょう。**

▶ コワーキングスペースを借りて作業をする

自分の部屋やオフィスだと、どうしても集中できない。そんなときは、**環境を集中できるものに変えてみましょう。**コワーキングスペースは、作業をするための場であり、まわりも静かにやるべきことを行っているはずです。そんな中に身を置くだけで、気が散る確率がグンと下がります。

私もあそこに飛び込もう
意識高い
コミュニティ

▶ コミュニティを活用する

同じ目的を持った仲間を見つけ、同じ時間に集まって、まわりと一緒にやらざるを得ない環境をつくるのもいいでしょう。 例えば「本をもっと読みたい」なら読書会、何か学びたいならスクールや朝活などに参加すれば、みんなと一緒にがんばれるはずです。

まとめ
努力できない人は、環境に負ける。
努力できる人は、環境を味方につける

思考法
21
「なかなか結果が出ない」から「面白いほど活躍できる」人へ

Before

なかなか結果が出ない人

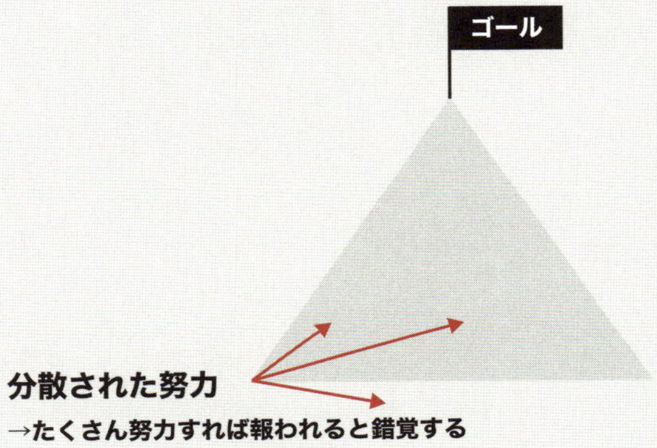
ゴール
分散された努力
→たくさん努力すれば報われると錯覚する

方向を間違えるといくら「努力」しても結果には結びつかない

「こんなにがんばっているのに、結果が出ない」という人は、大きく２つ間違っている可能性があります。**１つ目は、根本的に目標の設定が、心が望むものとズレている場合です。２つ目は、努力の方向が間違っているケースです。**例えば、多くの人は最低でも、中学、高校と６年間英語を学びます。でもほとんどの人が、まともに英語で会話ができない。なぜならば、英語を学ぶ努力の方向が「受験に受かるため」であり、自国以外の人とコミュニケーションをとるためではないからです。私も会社を設立したばかりのころは、利益を追求する方向に向かわなければならないのに、組織の体制の図解に力を入れたりとか、デザイン的なことにこだわるばかりで、努力の方向が本来、目指すべきところとズレていました。そのため、運営に苦労をする時期があったのです。

努力の方向がしっかりゴールに向かっているか確認する。手段は変えても方向はブラさない

Point

After

面白いほど活躍できる人

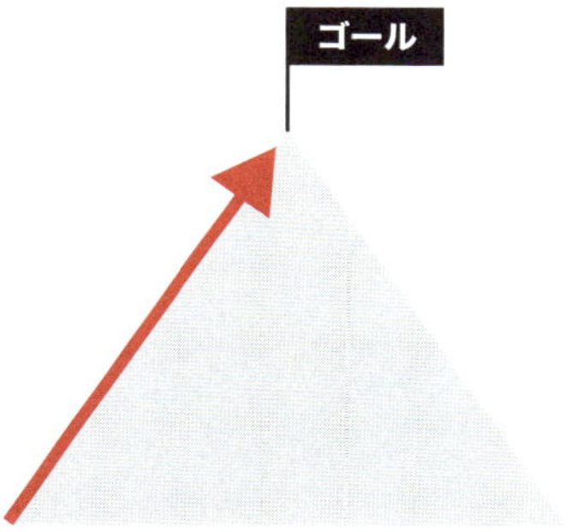

集中された努力

→「ここだ」と思った方向へ狂気的にリソースを割く

自分に合わなければ、やり方を変えてもOK

では、努力の方向が正しいのか間違っているのかはどう確認すればいいのでしょうか。**私は、まず、期限を決めてみることが大切だと考えます。** 例えば、英会話を上達させたいのであれば、オンラインレッスンを3ヶ月受けてみる。3ヶ月経って上達していれば、そのままのやり方を続ければいいですし、変化が見られなければ、別の方向を試す必要があるでしょう。目標へ向かうための努力の方向は、間違っていると思えば変えていいのです。例えば私は、1日の生産性を高めるという目標のために「早起きをする」というルールを決めたことがあります。でも、どんなにアラームを離れた場所に置いても止めて寝てしまう。そこでルールを見直し、毎日23時には寝ると決めたら、スッキリと目覚めて本来の生産性を高めるというゴールにたどり着くことができたのです。

変化のためのアクション
「目標」を見直してみよう

▶ 圧倒的な実績を持つ人のコンサルやコーチングを受ける

自分は夢の実現に向かって真っ直ぐに進んでいるか、脇道にそれていないかどうか、**確認できる最もよい方法の１つが、他の人から客観的なフィードバックをもらうことでしょう。**すでに実績をあげたり、成果を出している人にコンサルやコーチングを受けることで、努力の方向が目的の達成に一致します。

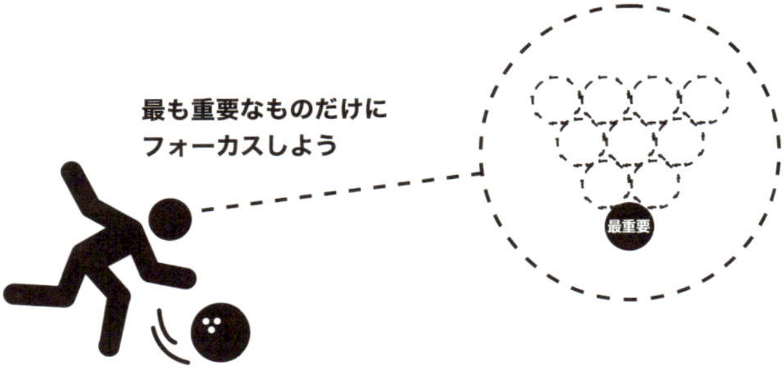

▶ センターピンを見極める

センターピンとは、ものごとを達成するための、最も重要な要素のこと。例えば、外国人と流暢《りゅうちょう》に会話ができるようになりたいなら、机の上で文法を学ぶのではなく、オンライン英会話で話す機会を増やすなど、**目標にたどり着くための最適なやり方を見つけ、そこに集中して力を注ぎます。**

果たしてこれは
自分らしい目標なのか？..

▶ 自分に合った目標なのか見直してみる

そもそも、目標が自分が本当に望むものでなければ、一生懸命に努力しても、間違った方向に進むばかりです。例えば、まわりが朝活しているからと、夜型の自分がそうしようとしても、効率が下がるばかりか楽しくない。そうであれば、夕方以降に活動するなど**自分に合った目標に変えるべき**なのです。

まとめ
**結果を出せない人は、間違った戦略であれこれ手をつける。
結果を出す人は、正しい戦略で１つのことをやり続ける**

忙しさを
理由にしない。
「自己内省」のための
思考法

第 4 章

思考法
22

「今の自分が嫌い」から「自分を受け入れてアップデートできる」人へ

Before

今の自分が嫌いな人

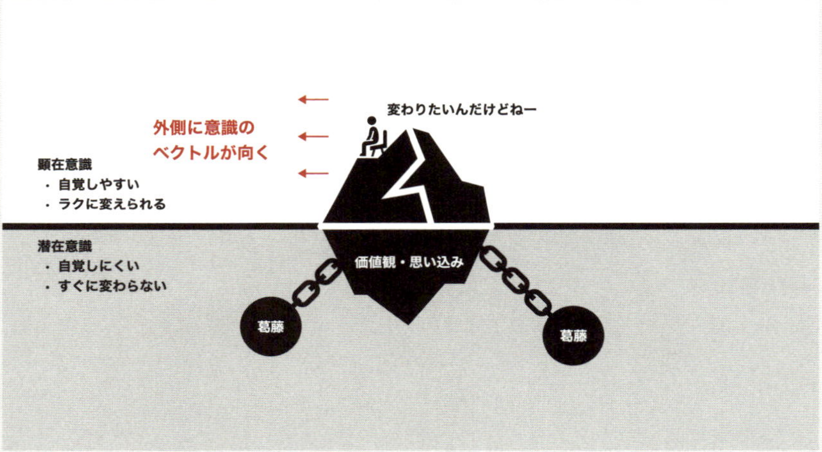

誰もが持つ「メンタルモデル」に縛られている

自分を変えたいと思っているのに、どうしたらいいかわからない。一生懸命がんばっているのに、違う方向に向かっている気がする。**そんなモヤモヤとした状況に陥っている人は、自分がどんな「メンタルモデル」を持っているか、一度向き合ってみるといいでしょう。**「メンタルモデル」とは、人が無意識のうちに持っている思い込みや価値観のこと。例えば、私は英語に対して「正しい文法と正しい発音でしゃべらなければならない」という思い込みがありました。そんな考えに縛られてなかなか会話が発展せず、上達しない自分、変われない自分にイラついていたのです。**無意識のうちにメンタルモデル通りの思考や行動をします。**自分がどんなメンタルモデルを持っているかを知らないと、なぜ自分がそんな行動をしてしまうかわからずに、同じところをグルグルめぐってしまうのです。

Point

自分がどんな「メンタルモデル」を持っているか知る。脳のOSをバージョンアップして今の自分を好きになる

After

自分を受け入れてアップデートできる人

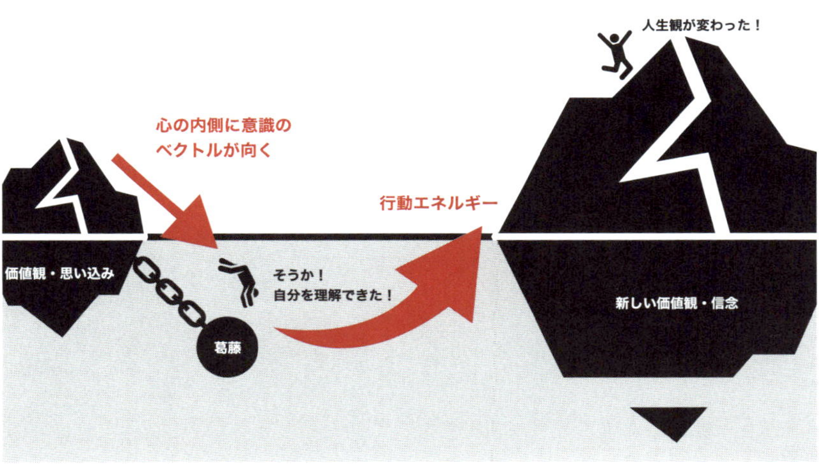
人生観が変わった！
心の内側に意識の
ベクトルが向く
行動エネルギー
価値観・思い込み
そうか！
自分を理解できた！
葛藤
新しい価値観・信念

「自分の見つめ直し」で脳をバージョンアップ

メンタルモデルは、いくらでもバージョンアップが可能です。ただ、バージョンアップするためには、自分自身を客観視して、自分の持つメンタルモデルを自覚する必要があります。例えば、幼いころに犬に噛《か》まれた経験から「犬＝怖い生き物」という価値観を持っていたとします。大人になり家族で犬を飼いたいという話になったら「犬＝怖い生き物」という思い込みを手放せばいいですし、犬を飼うつもりはないし、自分は犬が怖いままでもいいと思えばそのままでもいいのです。私の場合、英語を話す一番の目的は、コミュニケーションです。意思が通じればいいと考えたら「正しい文法と発音でしゃべらなければならない」という思い込みは不要だとわかりました。**そうして価値観をアップデートしたら、もっと積極的に外国の人と会話ができるようになったのです。**

変化のためのアクション
「自分」を見つめ直してみよう

あ、同じキーワードがたくさん出てくるな
もしかしたら大事にしてる価値観なのかも

▶ 自分の思考を書き出して客観視する

今の自分はどんな考えを持っているか、思いつくままに書き出してみましょう。きちんとした文章でなくて1行だけでも構いません。「仕事は大変だ」「お金は苦労しないと稼げない」など、書き出すことで、知らぬ間に持っている価値観を客観的に見ることができます。

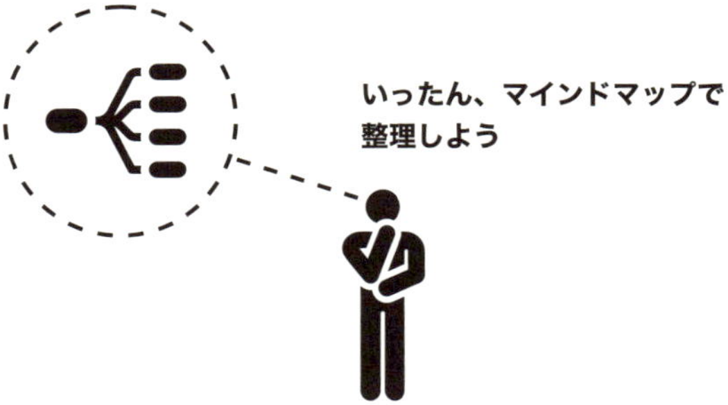
いったん、マインドマップで
整理しよう

▶ マインドマップをつくってみる

マインドマップとは、1つのキーワードから関連する言葉や図解をつないで書き出すもの。例えば「英語」をキーワードとしたら、「話せない」「文法が苦手」や、子どもがペラペラと英語をしゃべっている図などを書いていきます。

▶ 異なる価値観を持つ人と会う

年齢や性別が異なる人と話す機会をつくったり、外国人の友人を見つけるのもいいでしょう。自分とは異なる価値観を持つ人と話すことで、自分の持つ考えや常識に気づくことができます。

まとめ

今の自分が嫌いな人は、自分から逃げている。
自分を受け入れてアップデートできる人は、自分と向き合えている

思考法
23
「頭の中のモヤモヤを放置する」から「モヤモヤと向き合い整理する」人へ

Before

頭の中のモヤモヤを放置する人

モヤモヤはそのままにするとどんどん増殖していく

なんだかいつも、心にモヤモヤしている部分がある。いつも何らかの悩みを抱えていてスッキリしない。そう感じている方は少なくないでしょう。ではなぜ、そうしたモヤモヤが知らず知らずのうちに、頭の中に溜《た》まっていってしまうのでしょうか。**実は、頭の中にあるモヤモヤには、いろいろな種類があります。**例えば、人から言われて気になっていることや、まだ忘れられない過去の感情。やってしまったことの後悔やまだ起きていない未来への不安、家庭や社会で植え付けられた不要な価値観や常識と呼ばれるものなど、**たくさんの感情や意識がゴチャゴチャに、整理されない状態で放置されているから、モヤモヤと感じる**のです。**モヤモヤはそのままにしておいて、いつか消えてなくなるものではありません。**同じようなネガティブな意識や感情とつながり、どんどん増殖していくのです。

頭の中のモヤモヤは放置しない。定期的に整理してエネルギーのムダ遣いを減らしていく

Point

After

モヤモヤと向き合い整理する人

定期的に頭の中を整理する時間をつくる

モヤモヤした状態から脱皮するために、簡単にできることがあります。何が頭の中に滞留しているのか、書き出してみるのです。書き出すときは「部長の一言に腹が立った」「LINEの返事が来ない、どうしよう」のように感じたままに書き出します。不思議なことに、いったん、頭から出すことで、気持ちが落ち着いてくるはずです。書き出して、「なぜ、自分はそう思うのだろう？」と客観視してみるのもいいでしょう。自分ではコントロールできないことを心配していると気づけば「じゃあ、副業について調べよう」「出会い系のアプリを始めよう」など、今できることに気持ちが向くはずです。**気持ちを書き出したり、自分を客観視するのは毎日でなくて構いません。**「なんかスッキリしない」と感じたときや「月に一度」など日にちを決めて実践するのがオススメです。

変化のためのアクション
「モヤモヤ」の正体を探ろう

▶ 思考のプロセスを図にしてみる

モヤモヤを書き出すときには「このまま結婚できなかったら？」のように、まずキーとなる１つの要素を書き出します。そこから連想して出てくることをつなげてマインドマップとして書いていくと、頭が整理されてくるはずです。

▶ シンプルな質問を自分に投げかける

もし、何かがうまくいっていないとしたら、モヤモヤをそのままにしないで「今やるべき最も重要なタスクは？」「うまくいかせるために、今できることは？」などのように、シンプルに自分の脳に問いかけてみてください。**脳は必ず答えを用意してくれますので、出てきた答えに取り組めばいいのです。**

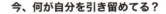

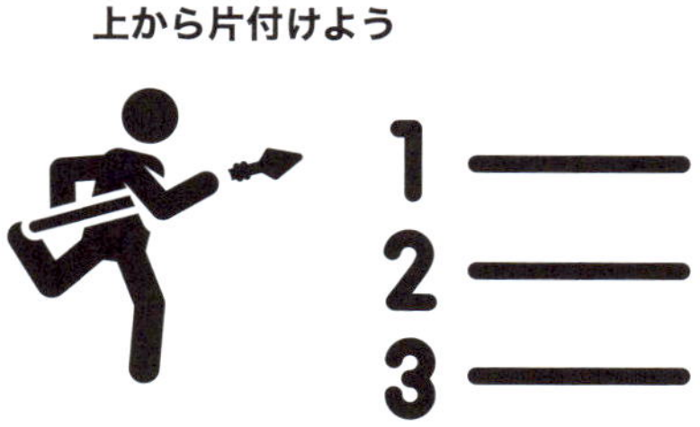

▶ やらなければならないことをリスト化して実践する

頭の中のモヤモヤには、やるべきだけど手をつけられていないことも多く含まれているはずです。今やるべきことを、思いつく限り書き出してリスト化しましょう。そしてリストから、できることを１つずつクリアしていくことで、モヤモヤが晴れてくるはずです。

まとめ
モヤモヤを残す人は、ストレスも溜め込みやすい。モヤモヤを解消できる人は、自分の整理ができている

思考法
24
「いつも同じことで悩む」から「ストレスフリーで前に進む」人へ

Before

いつも同じことで悩む人

同じことで悩んで立ち止まってしまうときは自分の心を見直すチャンス

人の本当の気持ちや考えは、たった1回、自分と向き合っただけで、すべてがわかるわけではありません。**「最近、行き詰まっている」「いつも同じことで悩む」というときは、自分の心を見直すチャンスです。**一度、目指す方向を定めたとしても、わき道にそれていないか、進むべき方向はこれでいいのかと見直しながら、常に軌道修正していくことで、前に進むスピードが加速します。私も、まわりに影響されて「起業したい」「会社を大きくして上場させたい」と考えていたとき、なぜかやらなきゃいけないのに体が重い、目標に向けてがんばりたいのにストレスが溜まるといった状況に陥りました。でもそこで、あらためて自分に問いかけてみたところ、本当の気持ちは、会社を大きくすることよりも、自分らしさを表現したり自由に生きることを望んでいたとわかったのです。

いくら「自分の心」だからって
1回ですべてがわかることはない。
悩んだときは自分の本当の気持ちを知るチャンス

Point

After

ストレスフリーで前に進む人

ときには大きな軌道修正も必要。「やってみよう」と決意するだけ

自分の本当の気持ちにそった目標を見つけると、滞っていた流れが動き出し、結果的に成果を生み出せるようになっていきます。でも、私がこうした話をすると「いやいや、いくら自由になりたいからって、会社はすぐ辞められないよ」「本音にそって生きたいけど、会社勤めだから難しい」などと言う人がいます。でも、たとえ企業に勤めていてもできることはたくさんあるはずです。例えば、将来的にもっと自由な形で仕事をしていきたいと思っているのであれば、チームや勤務地を変えてもらったり、リモートワークの日数を増やしてもらうよう交渉するのもいいでしょう。別の業界に興味があるのであれば、その業界で活躍している人と話をするのもいいでしょう。**自分の心に正直に、そして、自分の気持ちを大切にすることで、ムダなストレスが減り、自分らしさを活かしながら、お金も稼げるようになるのです。**

変化のためのアクション
「ストレスフリー」になれることを探そう

▶ 趣味に没頭する時間をつくる

あなたが好きで続けていることがあれば、ヨガでも筋トレでも、ゲームでもアロマを焚《た》くことでも、なんでも構いません。１週間に数時間は、そんな趣味に没頭する時間を確保しましょう。定期的に自分の好きなことに打ち込めば、最もあなたらしさが解放される時間が増えていきます。

▶ 他人との比較をやめる

「グラフをつくるのが速い」とほめられても、「○○さんに比べれば大したことない」と思ったり、つい人と比較してしまうことはあります。そんなときは**「あ、今、比べていた」と自分にツッコミを入れて、「自分はよくやっている」「ほめられて嬉しい」と素直に受け止めるようにします。**

▶ ときには「NO」と言える自分になる

例えば、気乗りがしないとき同僚にお茶に誘われたとしましょう。そんなときは「今、やることがあるから」と自分のために断る回数を増やしていきましょう。**「NO」と言うスキルを磨いていくことで、自分らしい選択をする機会を増やしていくのです。**

まとめ

人生が思うように進まない人は、自分を欺《あざむ》く。
人生が思うように進む人は、自分に正直に生きる

思考法
25
「無意識に自分を責める」から「自分が自分の味方になる」人へ

Before

無意識に自分を責める人

弱点ばかりに目を向けていると前に進めない

自分が持つ資質で、一般的に「欠点」だと思われている部分にばかり目を向けてしまう人が少なくありません。そして何かというと「私ができないからだ」「太っているから」のように、自分を責めてしまうのです。これは、できることや得意なことを伸ばすのではなく、苦手や不得意にばかり注目して、なんとか平均点に近づけようとしていた、学校教育の影響も少なからずあるでしょう。でも、**自分の苦手や欠点にばかり意識を向けていたら、自分の願う方向にはなかなか進めなくなってしまいます。**

私は欠点や短所は裏を返せば、すべて個性や長所になり得ると考えます。例えば、ぽっちゃりした体型をチャームポイントに変えて、世界に進出している人もいます。一般常識にとらわれず、自分を活かすことが強みになるのです。

「欠点」をなくす必要はない、ありのままの自分を活かしていくことを考える

Point

After

自分が自分の味方になる人

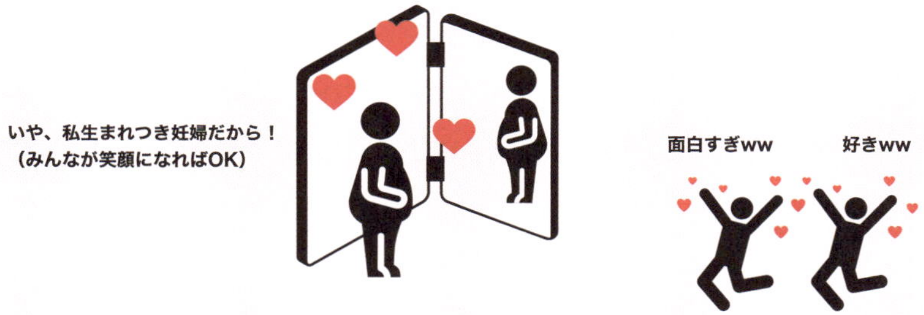

「自己肯定感」の土台になるのが「自己受容」

近年話題になっている自己肯定感とは「自分の存在を価値あるものと、肯定的に認める感覚」です。自己肯定感が高くなれば、主体的に前向きに進んでいくことができると言われています。一方で、**自分を肯定的にとらえるためには、まず先に、あるがままの自分を受け止める「自己受容」がなければなりません。**自己受容とは、自分のよいとされるポジティブな面だけでなく、ダメだと思っているネガティブな面も同じように受け止めることです。一般的に「自己肯定感」は高ければ高いほどいいと考えられがちですが、そうではありません。自分のいいところばかり見て、ネガティブな面から目を背けていると「これができる自分はえらい」「あの人と知り合いの私はすごい」など、条件付きでしか、自分のよさを認められなくなります。**よいも悪いも両方あるのが「自分」だと認め、受け入れることが「自己受容」なのです。**

変化のためのアクション
「自分」を受け止めよう

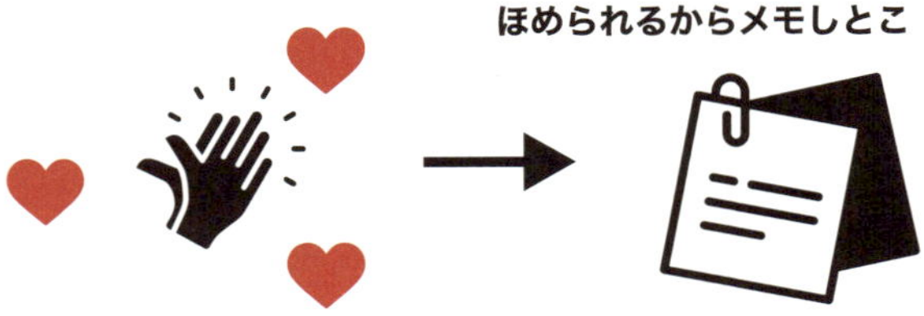

▶ 自分の好きなところ、ほめられたことを30個書き出す

誰でも、人はどう思おうと自分は「自分のここが好き」という点や、生まれてから今日までの間に人からほめられた何かを持っているはずです。どんな些細《ささい》なことでもいいので、「爪の形が好き」「話し方がステキと言われた」など、30個書き出してみましょう。眺めていると、自分だってまんざらじゃないという気持ちになれるはずです。

▶ 自分を信じられる「証拠」をたくさん集める

自分に関連する、「自分はすごい」と思える情報を集めてみましょう。都市伝説でも占いでも構いません。「血液型Oは、明るくて積極的」「10月生まれは、人と人のバランスをとる」など、自分にとって都合のいい情報を集めて、自分に言い聞かせてみましょう。

▶ 事実と向き合い、現実的に対処する

もし、自分が考えるウィークポイントが「髪が薄い」「モテない」などだったとしましょう。そうであれば、**現実的な対処をして自尊心を高める工夫をしましょう。** 髪の毛のスタイリング方法を変える、身だしなみに気を遣い、異性のいる場所に行くなど、コンプレックスをそのままにせずに対策を講じるのです。

まとめ
無意識に「自分を責める」人は、自分で自分を敵に回している。
自分が自分の味方になると、勇気とパワーが湧いてくる

思考法
26

「失敗を人のせいにする」から「失敗を成長材料にする」人へ

Before

失敗を人のせいにする人

失敗したら、その原因からすぐに逃げたり人のせいにしない。失敗をさらに深掘りする

「今が人生のどん底かもしれない」、そんな失敗や落ち込みにはまってしまったとき。そこから最も早く、効果的に乗り越える方法があります。それは、**失敗をさらに深掘りすること**です。失敗とはつまり、自分自身の至らなさ。自分の内側を探らずに、何かで気を紛らわせようとしたり、誰かのせいにして気持ちを落ち着けようとしても、また同じことが繰り返し起こる可能性が高くなります。私の経験で言えば、大学時代に「授業がつまらない」と教授や学校のせいにして、結果的に中退したり、営業職のときも「きちんと教えてくれない上司が悪い」「会社が悪い」と上司や会社のせいにしていたら、結局、稼げずにクビになったりと、人生がまったくよい方向に向かいませんでした。外に助けを求めても、失敗の中でジタバタしているだけ。そこから抜け出すことはできないのです。

失敗したとき、すぐに逃げようとしない。
失敗を深掘りすることで「学び」、這《は》い上がることができる

Point

After

失敗を成長材料にする人

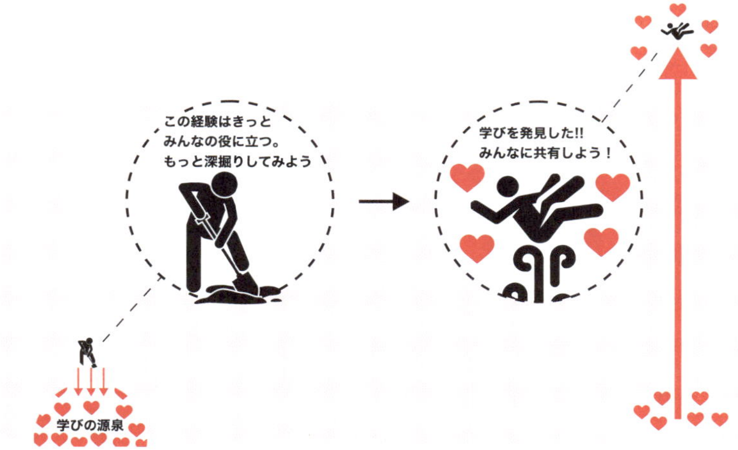

失敗を深掘りすると、「学び」が身につき、這い上がることができる

ピンチを乗り越え、突き抜ける人は、「どん底」だと思うようなできごとを、絶好のチャンスだととらえます。失敗や「自分の中にある改善したほうがいい何か」といったものは、成功のために使える“よい機会”だととらえるのです。例えば、あなたが営業職でお客さんからこき下ろされたとします。そこで「ひどいヤツ」と相手のせいにするのは簡単です。でも、腹が立つかもしれませんが「なんで、そう言われたんだろう」「どこを、もっと改善すればいいのだろう」と深掘りして考えてみるのです。そこで、もし「お客さんの問題を解決できる提案にしよう」と気づいたら、ヒアリングにも力が入りますし、他社を上回る提案をすることもできるようになるはずです。そうして深掘りをし続けるうちに「学び」が手に入ります。「学び」のパワーで一気に上昇気流に乗れるでしょう。

変化のためのアクション
失敗を深掘りしてみよう

なんだ、次こうすればええだけやん

▶ 失敗を客観的に分析する

何かミスをしたら「上司の指示が悪い」「時間が足りなかった」など、外部要因のせいにせず、自分のどこに原因があったのかを考えてみましょう。そうすれば、上司の意図がわからなかったら確認する、時間が足りないなら期限を延ばしてもらうように交渉するなど、できることが見えてきます。

私は失敗したことがない、
ただ、1万通りのうまくいかない方法を
見つけただけだ

▶ 失敗を「失敗」ととらえずに再定義する

ミスをしてしまったことは仕方がありません。でも、**その失敗によって、何が自分にプラスになったかを考えてみましょう。**「この問題から何を学べるか」「同じことが起きないようにするために、どうしたらいいか」と自分に問いかけます。そして失敗ではなく「プラスのできごとだった」と再定義します。

▶ 毎日５分、１日の振り返りをする

たとえ大きな失敗をしなくても、今日１日を振り返って「もっとこうしたらいいかもしれない」と思うことや改善できるところについて書き出してみましょう。翌日から、振り返った点を意識していけば、そもそも失敗することも少なくなるはずです。

まとめ
失敗を人のせいにする人は、いつまで経っても同じ間違いをする。
失敗を成長材料にする人は、学びを増やし、上昇気流に乗る

思考法 27 「感情的に反応する」から「自分でコントロールできることに集中する」人へ

Before

感情的に反応する人

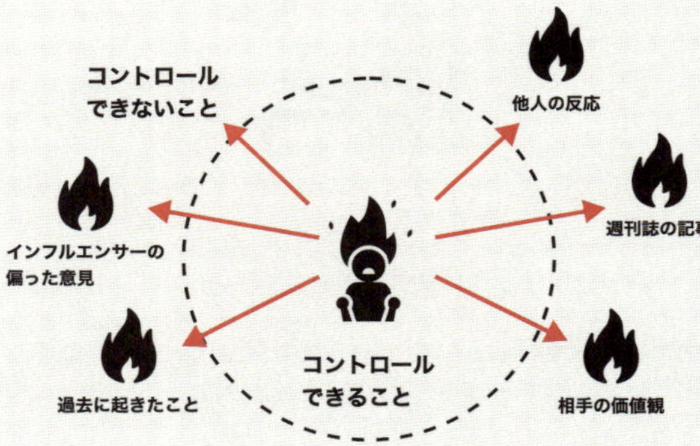

他人の言動に「マインドシェア」を奪われると感情的になりがち

実は、自分ではどうしようもないことに気を取られてばかりいると、成果が出せないだけでなく、悩みがどんどん増えていきます。心の中でどんな考えが多くを占めているかを、マーケティング用語で「マインドシェア」と言います。多くの人は、自分の「マインドシェア」を何に奪われているか意識せずにいるため、ネガティブな考えに振り回されて、イライラしたり落ち込んだりします。特に多いのが、人間関係での悩み。例えば、SNSでの嫌がらせや否定的なコメント、会社の同僚や上司に意地悪を言われる、また、パートナーにキツい言葉を投げかけられるなど、自分ではコントロールできない「相手が自分をどう思うか」「自分にどういう態度をとるか」に影響されて、「マインドシェア」を奪われている状況です。

他人の言動に反応しない。「自分の家の中（マインド）」だけに集中して整える

Point

After

自分でコントロールできることに集中する人

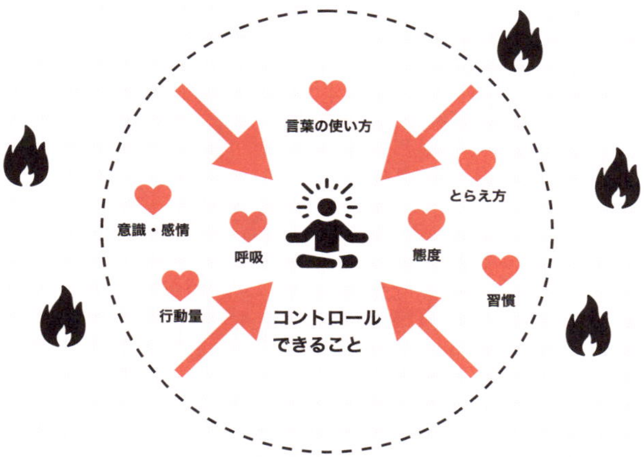

「自分の家（マインド）」の中だけに集中する

「相手が自分をどう思うか」などは、自分ではコントロールできません。自分ができることは、その相手に対する自分の行動、例えば、言葉遣いや態度を変えることです。そのうえで、相手の態度が変化しなくても、それは相手の課題です。ですから必要以上に気にしないでいいと考えます。

私は、人は１人１人、自分のマインドにしっかりとしたテリトリーを築き、守るべきだと考えています。テリトリーとは、たとえて言えば、「自分の家」のようなもの。みんな、自分の家の中（マインド）は、整理してきちんと維持するようにすればいい。そして、人の家に土足で押し入るような人がいたら、ただドアを閉めて出ていってもらう。そうして自分でどうにかできることに集中すれば、他者に振り回されなくなるのです。

変化のためのアクション
自分でコントロールできるものに集中しよう

▶ 自分でどうにかできること、できないことを区別する

他人の言動で「イラッ」としたり傷ついたりするときは、常にそれは「自分でどうにかできること」かどうか問いかけるようにします。自分の接し方や仕事のやり方は変えることができても、上司の態度は自分ではどうにかできない。自分ではどうしようもできないことだとわかったら、自分でできることだけにフォーカスするようにします。

▶ SNSの通知をオフにする

黙っていても洪水のように流れ込んでくるSNSの通知。**すべてのSNSの通知をオフにしておき、「2時間おき」や「昼休みと帰りの電車内」のように確認する時間を決めて見に行くようにします。**

▶ 自分の目標を書いたメモを常に目につくようにする

スマホのメモ帳に書いておく、パソコンの画面に付箋《ふせん》を貼っておくなど、自分の目標を常に目につくようにしておきましょう。「今、最も重要なことは何か？」を意識することで、それ以外の他人の言動などの影響を受けにくくします。

まとめ
感情的に反応する人は、条件反射でよけいなものごとに気を取られる。
自分でコントロールできることに集中する人は、必要なことに労力を割ける

思考法
28
「焦って自分をおろそかにする」から「心と体の土台を築ける」人へ

Before

焦って自分をおろそかにする人

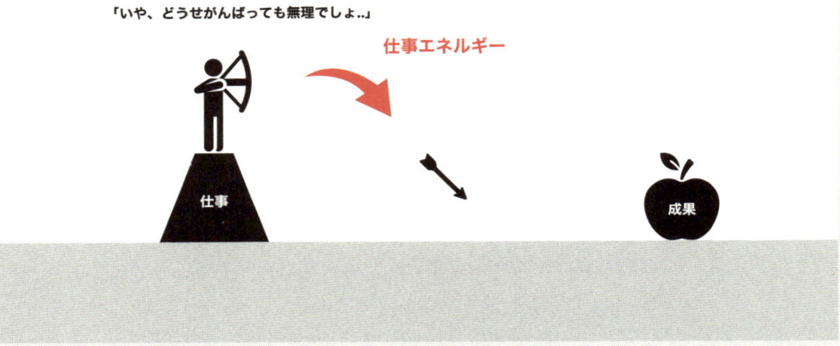

心と体の土台が築かれていないと「やれる気」がしなくなる

仕事で「成果を生み出す」と言うと、ついちょっとしたテクニックやノウハウなどに目が行きがちです。でも、**自分の在り方やマインドなど、もっと本質的で大切なことが、実際に活躍するためにはとても重要です。**

さらに、軽視する人が少なくありませんが、体調やメンタルを整えることも、活躍するための大切な土台だと言えるでしょう。誰でも風邪をひいたり、具合が悪くなると、仕事に集中するどころじゃありませんよね。悩みや気になることがあるというような状況も同じです。やるべきことに身が入らずに成果からはほど遠くなってしまいます。こうした土台をおろそかにしていると「できる気」がしなくなり、動けなくなります。そして、どんどん停滞して活躍から遠ざかってしまうのです。

長期的にうまくいくためには欠かせないのが心と体の土台。しっかりと揺るぎない基礎を築いていく

Point

After

心と体の土台を築ける人

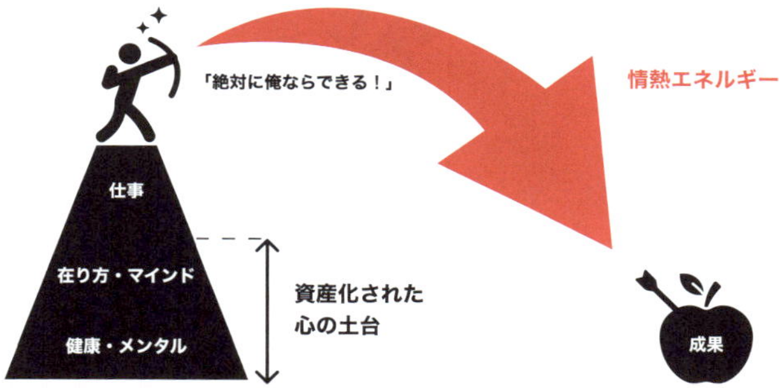

焦らずに築いた土台は、将来にわたって資産となる

私も以前は、自分の在り方やメンタルの状態に気を配らずにいて、どんよりと停滞していました。しかし少しずつこれらの大切さについて学び、土台を築き上げてきました。本を読んだり、コーチングを受けたりもしました。**本やコーチングは、すぐに成果を生み出すようなテクニックではないかもしれません。でも、そうして自分に取り入れたことは、数年経ってから、大きく役に立っています。**さらに、私にとって一番のきっかけは、デザイナーとして起業したことでした。自分が動けなければ、会社の売り上げはつくれない。そう自覚したときから、健康やメンタル維持のために時間やお金を使うのは「自己投資」だと考えるようになりました。そうして、在り方やマインドだけでなく、健康やメンタルにまでしっかり投資するようになってから、自分にはできるという確信が身についてきたのです。

変化のためのアクション
土台づくりを丁寧にする

20min/1DAY

▶ 1日20分散歩する

「健康に投資しよう」と考えたとき、道具などを必要とせずにすぐにできるのが散歩です。いつもと違うカフェに行く、離れたスーパーに買い物に行く、隣の駅で降りて歩くなどであれば、散歩のための時間をつくらなくても、簡単に実践できるはずです。

30min/1DAY

▶ 1日30分、自分のために使う時間をつくる

運動が好きな人なら、エクササイズをするのもいい、リラックスしたい気分なのであれば、ゆっくり湯船につかるのでもいい、**毎日30分でいいので、自分のために使う時間を見つけましょう。**先に予定として組み入れたら、ダラダラとスマホを見る時間が減るはずです。

1book/1WEEK

▶ 週1回カフェで自分の好きな本を読む

本は最も手軽に、新しい世界を知り、知識を得ることができるアイテムです。週に一度、カフェに行き、自分の好きな本を読む時間をつくりましょう。また、好きな本が見つからないときは、自分の在り方や、今の課題を振り返る時間としてもいいでしょう。

まとめ
成果に届かない人は、健康を浪費する。
成果を得る人は、健康に投資する

期待以上の
成果を出す。
飛躍のための
思考法

第 5 章

思考法
29
「“こんなもんでいいでしょう”で終わらせる」から「どうしたらもっと喜ばれるか考える」人へ

Before

「こんなもんでいいでしょう」で終わらせる人

自分の「あたりまえ」は世の中ではどのレベルか考えてみよう

目の前に現れる課題を乗り越えて、どんどん成長していく人は常に自分の「あたりまえ」をアップデートしています。私の場合も、親を安心させるためだけに「正社員になる」という目標しか持っていなかったときは、とにかく休日になるのが待ち遠しいほど、仕事がイヤでたまりませんでした。でも、デザイナーになり「お客さんに喜んでもらおう」と考えるようになってからは、いつも仕事のことを考えているのが「あたりまえ」になり、むしろ楽しいと感じるようになったのです。そうして自分の「あたりまえ」をアップデートできたことで、私は数年で格段に成長することができました。**なかなか成果を出せないという人は、自分の「あたりまえ」に無頓着でなかなかアップデートできていないと言えます。**

これまでと同じ基準のままでは同じ結果しか出せない。「あたりまえ」と思うことを進化させることでさらに上の結果を出せる

Point

After

どうしたらもっと喜ばれるか考える人

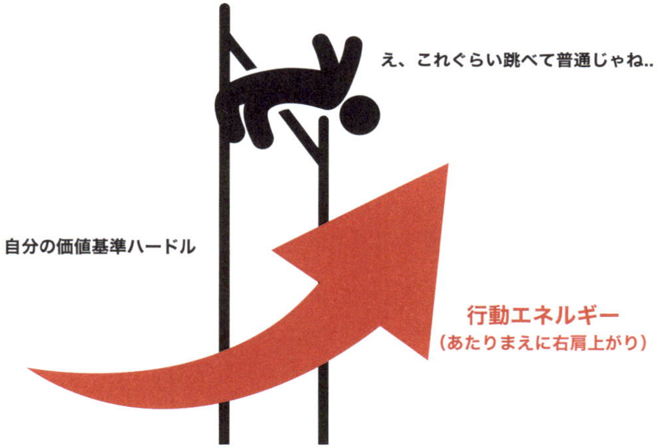

「１兆円企業になる」と考える

アメリカの経済誌『Forbes』が毎年発表する「世界長者番付」で、３年連続で日本人のNo.1が、ファーストリテイリング代表取締役会長である、柳《やな》井《い》正《ただし》氏です。今から30年近く前、まだファーストリテイリングが地方の一企業だったころ、柳井氏は銀行からわずか1000万円を資金調達するのも難しかったと言います。でも、**当時から「ユニクロを１兆円企業にする」という目標を掲げ、自分の「あたりまえ」を高く持っていたからこそ、今があるのです。これまでと同じ「あたりまえ」で暮らしていたら、これまでと同じ成果を出すことしかできません。**例えば、「企画を３つ考えてほしい」と言われたら、10個考えてみる。１週間かけてつくっていた資料を３日で完成させてみる。そうして「あたりまえ」を進化させることが大きな成果を導くのです。

変化のためのアクション
「もっと」「さらによく」を意識してみよう

誰よりも朝早く出勤しよう
×1.5

▶ 普段こなしている仕事量の1.5倍増しでやってみる

試しに、いつも１日でやっていることの、１．５倍の仕事量を自分に課してみます。「どうやってもムリでしょ」と諦めず「どうやったらできるか？」を考え続けると、思わぬアイデアが生まれてきます。思いついたことを１つずつ試してみれば、数日後、数週間後には「あたりまえ」がアップデートできているはずです。

×2

▶ デキる人の行動の基準値を知る

私は仕事でも、仕事以外でも、できるだけ自分より「デキる」人と話すようにしています。筋トレを例にすると、トレーナークラスの人は、どのくらいの負荷で何回やっているのかを知るだけで「そんなことができるんだ」「そこまでやってあたりまえなんだ」と思えます。

レベルの高いコミュニティ

▶ 自分よりも基準値が高そうなグループやコミュニティに参加する

自分と同じ悩みを抱えていたり、共感できる人と一緒にいるのは居心地がいいでしょう。でも、**あえて少し上の人たちが集まるグループやコミュニティに参加してみます。**そうした人たちの会話に触れるだけでも刺激になり、視野が広がるはずです。

まとめ
仕事ができない人は、あたりまえの基準が低い。
仕事ができる人は、あたりまえの基準が高い

思考法 30

「注意力散漫」から「一点集中できる」人へ

Before

注意力散漫な人

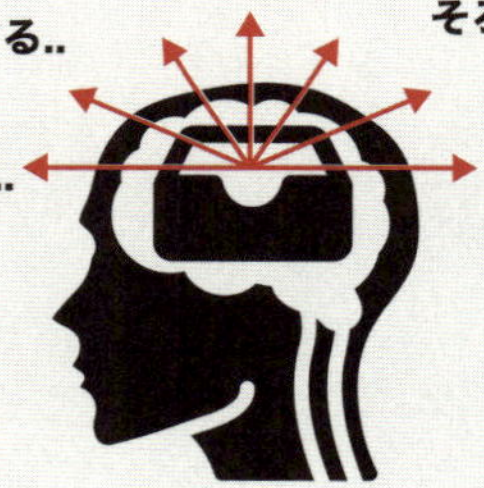
今日のランチ、何食べようかな
副業するか悩む...
モヤモヤ
めっちゃメンションきてる..
すぐ返事しなきゃ
そろそろネイル行かなきゃー
お腹空いたな...
来週のプレゼン資料つくらなきゃ..
デザイン苦手だから重い...
Xの通知気になる

集中するためにはたくさんのことを同時に行う「マルチタスク」をやめる

集中しないと終わらせられないといった場面なのに、なぜか集中できない。でもそれは、あなたがデキないからでも、集中力がないからでもありません。**単に脳の中の思考が分散しているだけなのです。**「デキる人は、たくさんのことを同時にこなす」イメージがありますが、実は人間は1つのことにしか集中できません。例えば、1、2、3と3つのことを同時に進行させようとすると、脳内にストレスホルモンのコルチゾールが溜まり、機能が落ちると言われています。つまり、いろいろなことに手を出すより、1つに集中して終わらせてから、次の1つに取り掛かったほうが効率よく集中することができるのです。例えばメールの返信のような簡単なタスクでも、何かに取り掛かっている最中に返信するのではなく、終わらせてから手をつけるべきなのです。

人間の脳は、1つのことにしか集中できない。「今やる」タスクを決めたら、それだけに集中できる環境をつくる

Point

After

一点集中できる人

タスク管理のアプリを使うなどして、やるべきことだけに絞り込む

1つの仕事に集中するためにできるのは、脳の処理能力を「そのことだけ」に向けられる環境をつくること。具体的には、今あるタスクを今日やるのか、明日やるのか、来週でいいのかを決め、そして、その日にやるべきタスクを決めて書き出したら、優先順位を決めて順に1つずつ片付けます。1つのタスクに取り組んでいるときは、目に入る範囲に置くのは、そのタスクに必要なものだけにしましょう。スマホやパソコンの通知などもオフにして、タスク以外のものは目に入らないようにするのです。

タスク管理のアプリは、無料のものから有料のものまで多数揃《そろ》っていますから、自分が使いやすいもの、好みのものを選んで使用するといいでしょう。また、アプリよりも書き出したほうがわかりやすい人は手書きにするといいでしょう。

変化のためのアクション
「やるべきこと」を絞り込もう

▶ 目に入る範囲によけいなものを置かない

デスクワークの人であれば、デスクまわりは常に整理し、業務に必要なもの以外は目に入らないようにします。脳は情報の８割を視覚から取り入れていると言われており、集中すべきことに必要のないものが目に入ると、１つのことに力を注ぎづらくなります。

▶ 集中しやすくなるグッズなどを積極的に取り入れる

例えば、１日中パソコンに向かっている人であれば、ブルーライトをカットするメガネを使用するだけで目の疲労が軽減され、集中力を維持しやすくなります。同じようにアームレストを使ってみたり、立ちっぱなしの時間が長い人は、むくみ防止のソックスを着用したりするのもいいでしょう。

▶ 自分が最も集中できる時間を見つける

一般的には午前中は、前日の疲れが取れて集中しやすいと言われていますが、人によって違うでしょう。自分が最も集中できる時間帯、2時間ほどを見つけ、集中が必要な仕事は、その時間帯に行うようにスケジュールを組みます。

まとめ
集中力のない人は、考えることが多い。
集中力がある人は、考えることが少ない

思考法
31

「トラブルに落ち込む」から「チャンスととらえられる」人へ

Before

トラブルに落ち込む人

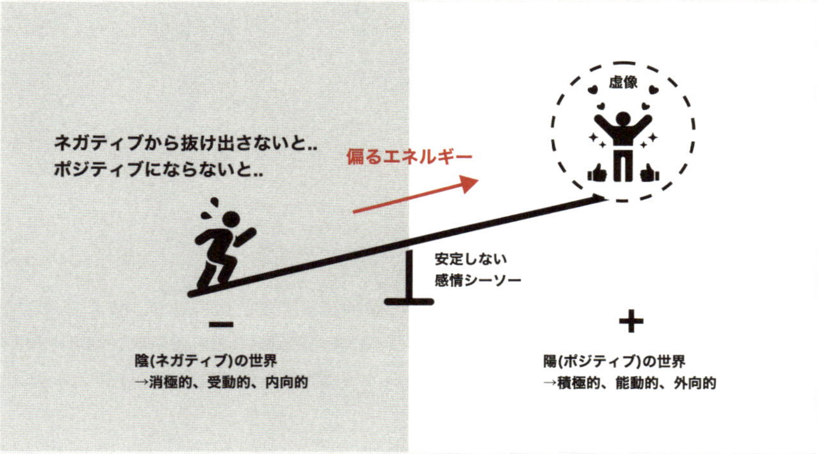

障害物のないゲームは誰もプレイしたがらない

世の中は「ポジティブ」をもてはやし、ポジティブになれば人生がうまくいくかのように語る人もいます。でも、なんの事件も起こらず、最初から最後まで主人公が幸せに暮らす様子を映す映画があったとしたら、どうでしょう。「そんなの面白くない」と見向きもされないのではないでしょうか。**困難を乗り越え、いろいろな技を駆使してゴールにたどり着くからこそ、ゲームは面白いのです。**生きていると、大変なことやつらいことがたくさんあります。でも、そうした困難を乗り越えて前に進むから、最終的に自分の望む地点にたどり着いたときの喜びが大きいのではないでしょうか。実際に、課題に直面したときは、つらいと感じるかもしれません。でも、あとから振り返ると、そんなできごとは、**考えるきっかけをくれたり自分を振り返るいいチャンスだったりする**のです。

課題は自分の成長のためにある。
できごとを「いい」「悪い」と決めつけず、
チャンスととらえられる人が大きく成長する

Point

After

チャンスととらえられる人

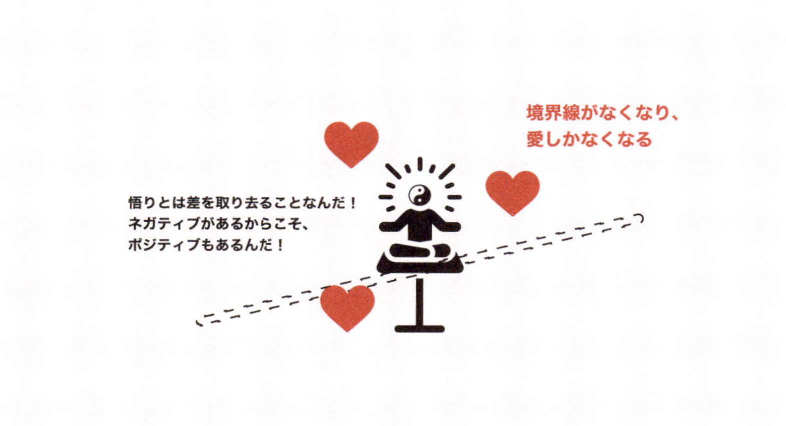

ポジティブもネガティブも
すべて自分の一部だと受け入れる

私も以前は、ポジティブな考え方や姿勢でいるのがいい、そして、ポジティブでいることで、身に起こる困難を乗り越えられると考えていました。でも、いろいろな経験をするうちに、**実際は、一般的にはポジティブではなく、ネガティブと考えられている資質があることによって、より慎重に、そして現実的に考えられる**とわかったのです。そのときから私は、自分に備わった資質を「いい」「悪い」と区別することがなくなりました。また、ものごとを「いい」「悪い」など、一面で決めつけず俯瞰してみることができるようになると、目の前に起こることに一喜一憂することがなくなります。すると感情が大きくマイナスに揺さぶられることがなくなり、どんなことが起きても、心を平穏に維持し前に進むことができるようになるのです。

変化のためのアクション
“ネガティブ”もありのままに受け入れる

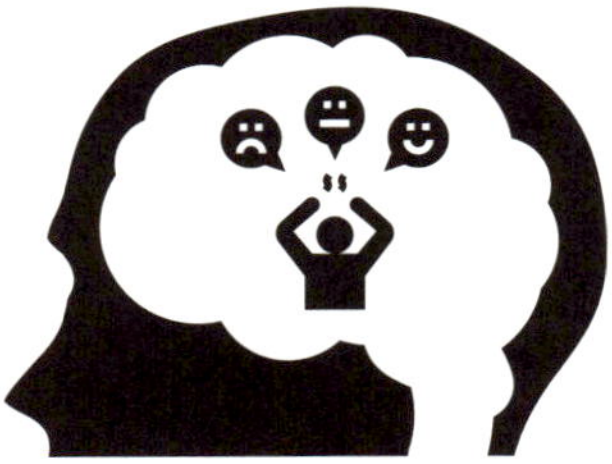

▶ 自分の感情をありのままに受け止める

人には「喜怒哀楽」の感情が備わっていますが、喜びや楽しみばかりがいいことで、怒りや悲しみがよくないわけではありません。腹が立ったり悲しくなったりしたときは「今、自分は怒っている」「悲しいよね」と、感情をありのままに受け止めてあげましょう。そして、**しっかりと感情を味わうことで、怒りや悲しみは収まっていきます。**

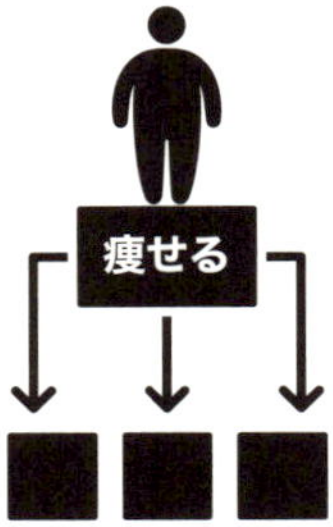

▶ 自分に厳しくしすぎない

日本人は他民族と比べ、他人と比較したときに、自分を責めたり謙遜したりする傾向が強いと言われています。友人や家族に対して思いやりを持って接するように、自分に対してもまわりと比較して「自分はだからダメなんだ」「まだまだだ」と厳しくせずに、**人は人、自分は自分のよさがあると考えるようにしましょう。**

▶ ポジティブ／ネガティブと決めつけない

起きているできごとは、ただ「上司に怒られた」「彼女にフラれた」という事実があるだけで、ネガティブでもポジティブでもありません。つらい、悲しいできごとと決めつけず、上司に注意されたなら、何が要因でどうすればいいか考える、彼女と別れたなら、今後、自分がどうしたいのか見つめてみるようにしましょう。

まとめ
トラブルに落ち込む人は、ネガティブに強く振り回されすぎている。
チャンスととらえられる人は、ネガティブも自然なこととして受け入れる

思考法 32

「うまくいかずに悩む」から「成功確率を上げられる」人へ

Before

うまくいかずに悩む人

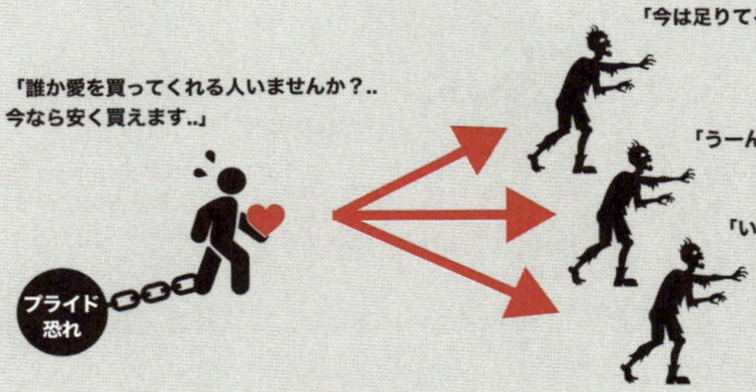

行動すれば、試行錯誤の回数も増える

なかなかうまくいかないと悩む人は、実はシンプルに「行動量が足りていない」だけのことがよくあります。たとえて言えば、たった1人の人に告白して断られたからと言って、落ち込んで家に閉じこもっていたら、新しい出会いなんてありませんよね。

私も、恋愛に苦手意識があったころは「またフラれたらどうしよう」「今回もうまくいかないかもしれない」といった恐れや、プライドを傷つけたくないという気持ちから「恋愛してなくても楽しい」風を装っていた時期がありました。行動して想定外の展開になるのは、誰にとっても恐ろしいことでしょう。でも、**行動すれば、必ずなんらかの結果を得ることができます。**そして、その結果に対して試行錯誤することで、少しずつ知識やスキルが身について、もっと「デキる自分」に変わっていくのです。

行動量が足りなければ試行錯誤の量も減る。
圧倒的な数をこなせば、成功確率も格段にアップする

Point

After

成功確率を上げられる人

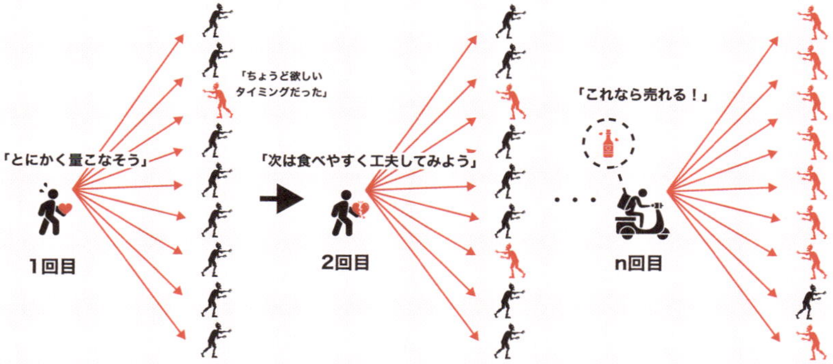

数をこなして成功確率を高める

私の会社は、紹介や口コミでお客さんが来てくださるので、自分たちから営業をしたことがありませんでした。でも、あるとき新しい事業のために営業する必要ができました。最初は恐る恐る1軒ずつ営業していました。でもそれでは、検証しなければならないことがたくさんあるのに、参考になるような結果がなかなか得られないと気づきます。そこで、**営業する数をいっきに10倍近く増やした**のです。そこからやっと、アポイントが取れるようになり、成果につながったのです。

発明家のエジソンの言葉に「自分は失敗したことはない、うまくいかない方法を1万通り見つけただけ」というのがあるそうです。**求める結果を得るまでの間、うまくいかないことは単なる過程の1つでしかありません。むしろ、その失敗があるからこそ、次のやるべきことが見えてきます。**

変化のためのアクション
行動の量を増やそう

▶「5分ルール」で行動のハードルを下げる

行動しなければならないのはわかっている。でも、なかなかスタートできない。**そんなときは「まず、5分だけやってみる」という"5分ルール"で、始めるハードルを低くします。**たとえ5分だけでも、やり始めれば勢いがついて、気持ちに関係なく行動できるようになるはずです。

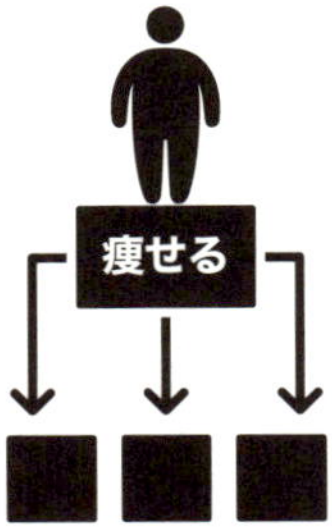

▶ 週の目標は「毎日やること」に分解する

目標が大きいと行動に移すハードルが高くなりがちです。例えばダイエットのために「週に3回、筋トレをする」という目標があるとしましょう。それをもっと細かく「毎日、朝、8時から5分腹筋する」のように、やりやすい目標に分解していきます。

▶ 自分の進捗を「見える化」する

日々のやるべきことを決めたら、進捗を記録して見える化します。記録するのはカレンダーでもチェックリストでも、やりやすいもので構いません。「昨日も達成」「今日もできた」と目にすることで、自信が身につき次の行動につながります。

まとめ
成功しない人は、行動量が少ない。
成功する人は、圧倒的な量をこなす

「相手の名前が覚えられない」から「記憶力最強」の人へ

Before

相手の名前が覚えられない人

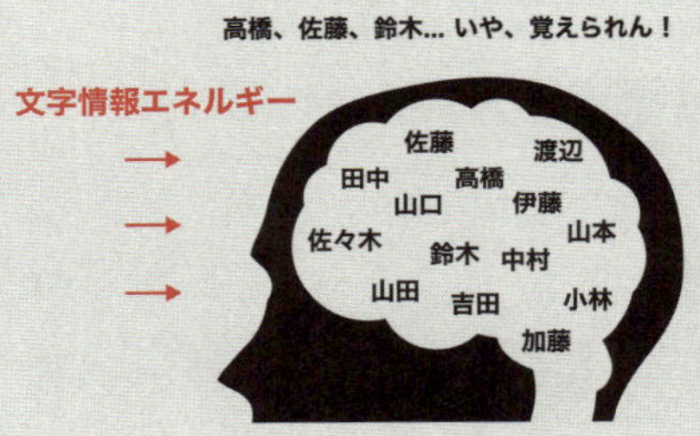

※名前はほんの一例です。

「人の名前」や「単語」など、言語情報として覚えようとしても定着しない

私は子どものころ、物覚えが悪くてよく忘れ物をしていました。また今でも、パスワードや暗証番号を覚えられずに困ることがよくあります。記憶力に自信がない人は、名刺をもらって話をしたのに、相手の名前と顔が一致しない、担当者の名前をうっかり忘れて冷や汗をかいたなどということがあるかもしれませんね。**実は、記憶力を高めるのは、人間の脳の仕組みを知れば、そう難しいことではありません。**人間の脳は、感情によって脳にある扁桃核《へんとうかく》が刺激されると「これは重要な情報だ」と判断、長期記憶に送り込むため忘れにくくなります。「なかなか記憶できない」と悩む人は、単に言語情報として相手の名前や単語などを、一生懸命に覚えようとするから、なかなか記憶に定着しないのです。

「記憶力」は年齢などに関係ない。「感情を揺さぶる」テクニックで面白いように覚えられる

Point

After

「記憶力最強」の人

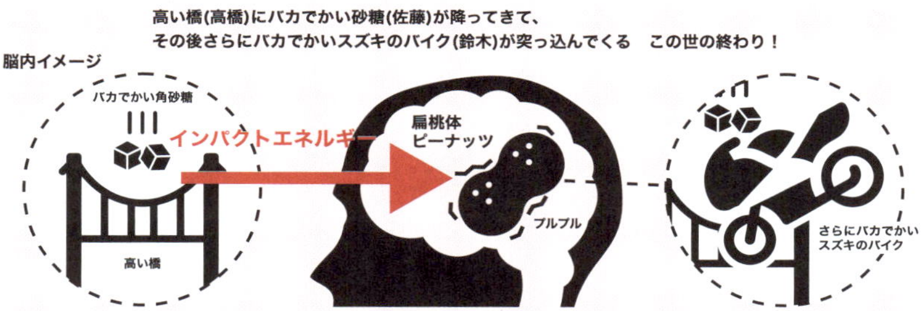

※人によって覚え方やイメージの仕方は異なります。

あり得ない状況を物語形式で想像して記憶に焼き付ける

実は記憶力は、人に備わった能力ではなく、年齢などに関係なく、テクニック次第でずいぶん向上します。あなたが「高橋さん、佐藤さん、鈴木さん」という名前を覚えたいとします。しっかり記憶に焼き付けるためには、インパクトのある映像を想像して名前に結びつけ、自ら感情を動かすのです。

例えば「バカでかい角砂糖が、高い橋の上に落ちてくる」「そこにさらに、あり得ないくらいの大きさのスズキのバイクも落ちてきた」などでもいいでしょう。ストーリーを考え、その映像をイメージしてみると、面白いように覚えられるはずです。

変化のためのアクション
記憶力を上げるためのトレーニング

▶ 青魚や糖分を意識して摂取する

サバやイワシなどの青魚には、記憶力の向上に役立つEPA（エイコサペンタエン酸）やDHA（ドコサヘキサエン酸）が多く含まれています。また、適切な糖分の摂取は、記憶力を高める働きがあるため、日頃から意識して、青魚や糖質を含む、炭水化物などを摂取しましょう。

▶ 学習前に軽く体を動かす

血液の循環が促され、脳に酸素が供給されると記憶力が高まることがわかっています。激しい運動でなくて構わないので、軽いウォーキングやスクワットなどを行うといいでしょう。また、日常的に運動を習慣にするのも、記憶力だけでなく脳の働きによい影響を与えます。

▶ 自分の体験と結びつける

自分の持つ情報や体験と結びつけると記憶に残りやすくなります。例えば「Clean up your mess（片付けなさい）」という表現がありますが、「そういえば、留学していたときホストマザーがよく言っていたな」と思い出したら、その瞬間に記憶に刻み込まれ、思い出すのは容易になるはずです。

まとめ
相手の名前が覚えられない人は、言葉だけで覚えようとする。
記憶力がいい人は、物語で覚える

思考法 34

「どうにもならないことに気を取られる」から「できることに集中する」人へ

Before

どうにもならないことに気を取られる人

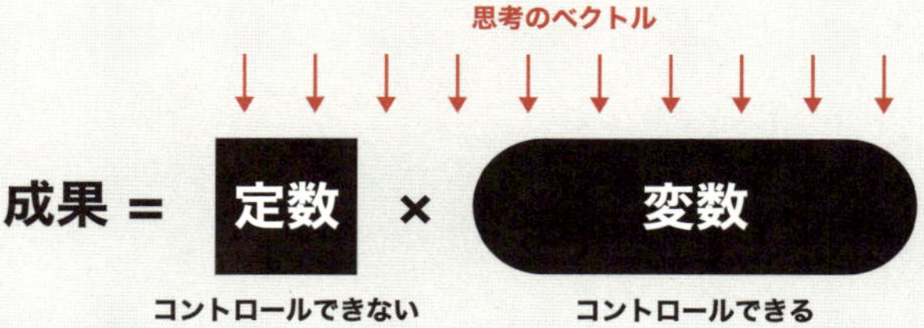

「定数」を変えようとする人は、自分ではコントロールできないことに振り回される

成果を出せない人は「定数」を変えようと必死になり、自分でコントロールできないことに振り回されがちです。ここで言う「定数」とは、自分ではコントロールできないこと。一方で「変数」は、自分でなんとかできることを指します。例えば、ラーメン屋を経営しているとしたら、お店の場所や競合の店舗数などは、自分ではどうしようもできない「定数」です。でも、座席やメニューの数、そして客単価や利益率などは、どうにかすることができる「変数」です。競合の店舗が増えたとヤキモキしたところで、コントロールすることはできませんが、店内のレイアウトやメニューの内容など、自分たちでなんとかできることに集中して改善していけば、不要なストレスに悩まされることなく、着実に前に進めるでしょう。

「成果」＝定数×変数。自分でコントロールできる「変数」を要素に分解し、重要なことに力を注げば、成果は生まれる

Point

After

できることに集中する人

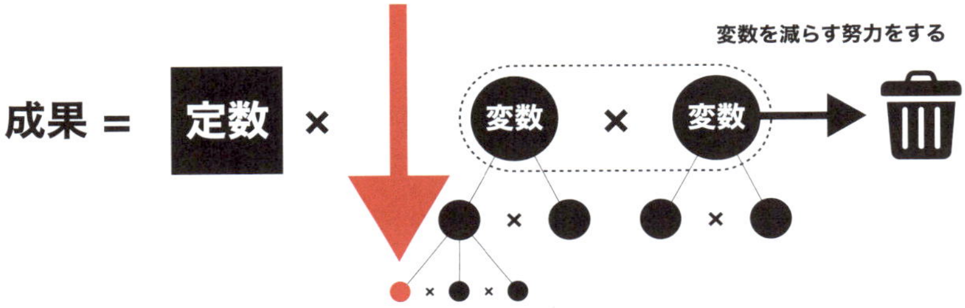
最も重要な要素（≒センターピン）に一点集中する
変数を減らす努力をする
成果 ＝
定数
×
変数
×
変数
×
×
×
×

変数を分解して重要なものに集中して取り組む

大きな結果を生み出す人は「定数」ではなく「変数」を動かそうとします。そのとき、変数すべてに注目するのではなく、まず変数を分解し、そして最も重要な要素にフォーカスするのです。ラーメン屋を例にすると「利益＝売上ーコスト」とすることができ、「売上＝客単価×客数」「コスト＝原価＋人件費＋家賃＋光熱費＋経費」のように分解できます。そうすれば、どこに集中して力を注げばいいかがわかるのです。

また私は、Xのフォロワー数を増やすための要素を「フォロワー数＝プロフィールクリック率×フォロー数」のように分解しました。フォロー数は、プロフィール、固定ポスト、直近のポストなどで、ある程度コントロールできると考えました。そこで、内容を徹底的に改善したところ、最高で4人に1人がフォローしてくれるようになったのです。

変化のためのアクション
小さく分解しよう

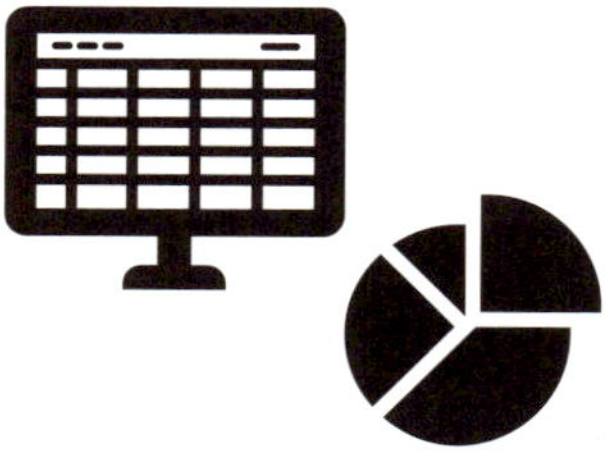

▶ 目標を定量化して分解、どこに力を入れるか見極める

例えば、節約して貯金を増やそうと考えたとします。そうであれば、家計簿アプリやスプレッドシートなどを使い、現在の支出の内訳を把握します。そして、大雑把に「月に３万円節約」とするより、**家賃や光熱費などの固定費以外で、交際費や食費などコントロールできる部分を見つけるのです。**

▶ PDCAを回せる仕組みを整える

支出を減らせる分野を見つけたら、「P（計画）D（実行）C（評価）A（改善）」サイクルを回します。つまり「食費と交際費を１万円ずつ減らす」と決めたら、支出をジャンル別に記録し、１ヶ月ごとに見直して「今月は食費が多かったから来月は作り置きを増やそう」のように改善していける仕組みを整えます。

▶ 毎週、または月に1回振り返る時間をつくる

定期的に、何が悪かったのか振り返り、分析して次につなげる時間をつくりましょう。毎日できる人は毎日でもいいでしょう。難しい場合でも、週に1回、もしくは月に1回は結果を見て、なぜそうなったのか、次はどうすればいいかを考えて実践します。

まとめ
成果が出ない人は、がむしゃらに努力する。
成果が出る人は、最も重要な要素に努力を注ぐ

思考法 35 「本塁打を打てたらいいな」から「打つにはどうするか考えられる」人へ

Before

本塁打打てたらいいなと考えるだけの人

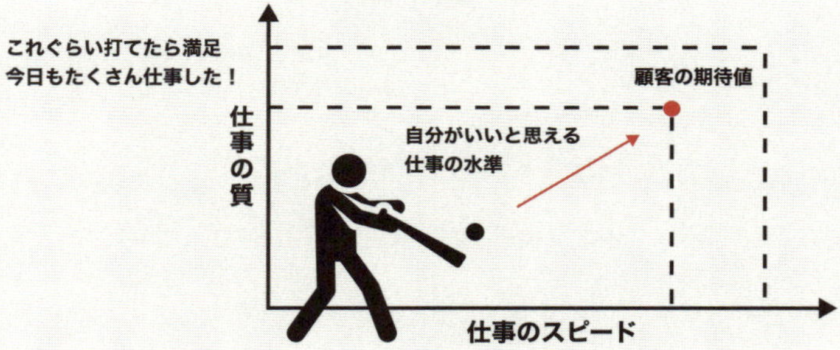

「次もお願いしたい」と言われるには相手の期待値を超えること

アメリカのメジャーリーグで活躍する大谷翔平選手にとって、もはや本塁打を打つのはあたりまえ、1試合で2本の本塁打を放つこともあります。**そうして、常に観客だけでなくチームメイトや解説者の期待を超えた、圧倒的なパフォーマンスを繰り広げるからこそ、世界中で活躍する場を与えられているのです。**大谷選手ほどではなくても、ビジネスの世界で活躍する人は、**常に相手の期待値を超えてきます**。「思うように評価されない」「一度限りの仕事ばかりでリピートにつながらない」という人は、自分が相手の「期待値」を超えられているか、振り返ってみる必要があるでしょう。ただ、自分で考えるだけでは、客観的に判断できない可能性があります。できれば、先輩や上司、親しい友人、メンターなどにフィードバックをもらい、現状を的確に把握するのがいいでしょう。

期待値を超えるには、相手の目的を知ること。
そのうえで、目的を達成するために
必要な手段をあらゆる角度から提案する

Point

After

打つにはどうするか考えられる人

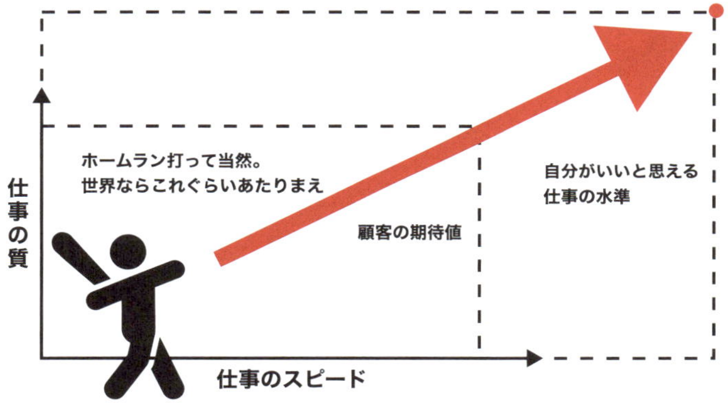

「期待値」を超えるためには、まず期待値を把握すること

相手の持つ「期待値」を超えるための重要なポイントが「相手が達成したい目的」を知ることです。デザインで言えば、特定の層の認知を高めたいのか、または、売り上げを上げたいのか、目的によってデザインは変わってきます。ときには、デザインだけでなく「バナーを変更する」などの施策が有効な場合もあるでしょう。上司に「資料をつくってほしい」と言われたときも、単に自社の取り組みを説明したいのか、他社との違いを打ち出して契約につなげたいのかなど、まずは目的を把握することが大切です。そのうえで、他社との違いを打ち出すのであれば、競合する相手やほかの業界についてのリサーチまで加え、自社の強みをアピールできる資料をつくるのが「期待値を超える」ということなのです。

変化のためのアクション
相手の期待値を超えよう

▶ 相手の期待値を把握する

相手がどんな期待を持っているか、まずは質問して把握します。例えば、広告をうつにしても、ただ「認知を広めたい」だけなのか、「特定の層に刺さるようにしたい」のかでは、提案する内容が異なります。言葉に表れていないことも多いので、必ず確認するようにします。

▶ アウトプットは意図とセットで伝える

相手が期待していることがわかれば、その目的を達成するための施策を提案することができます。そのとき「なぜ、A案にしたのか」「どうしてB案ではないのか」など、根拠もあわせて伝えることで、納得してもらうことができるのです。

▶ 事例やエビデンスまで示す

「A案で成功している例」や、A案が効果的な理由をサポートするエビデンスもあわせて示しましょう。そうすることで、あなたが提案する施策の信用度を高めます。

ちなみにB案も用意してます！
B

▶ 別案や別解まで提示する

さらに「もし、このような結果を希望されるならB案という方法も効果的です」や、「A案を行うと同時に、B案も実施することで、こんな結果が出ている例もあります」など、**相手の役に立つ別案も提案しましょう。**ここまでやることで「相手の期待を超える」ことができるのです。

まとめ
活躍できない人は、期待に応える。
活躍する人は、期待を超える

成果を形に。お金を稼ぐための思考法

第 6 章

思考法
36

「目先の利益を求める」から「本質を極めて稼ぐ」人へ

Before

目先の利益を求める人

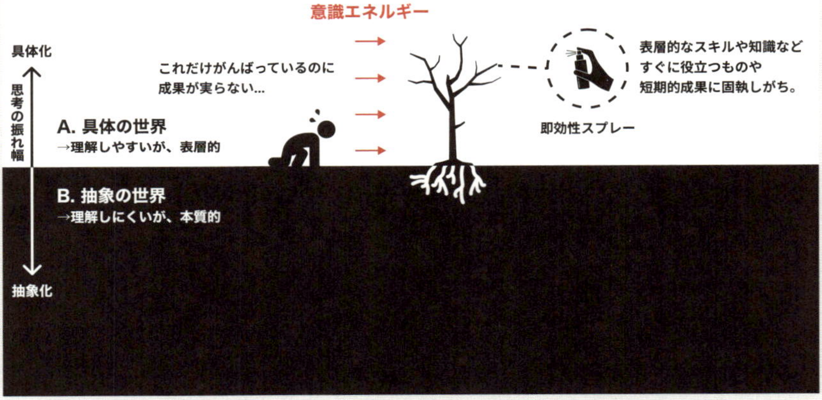

結果が出ない原因は「思考の深さ」

お金を稼ぐためには、結果を出さなければならない。でも、人よりも時間をかけているのに成果につながらない。**一生懸命、行動していても結果が出せずに稼げない場合、「思考が浅い」ことがよくあります。**「思考が浅い」とはどういうことか。それは、「今すぐ役立つ何か」ばかり追い求めてしまうということです。例えば「今すぐやる気を出す方法３選」とか、「明日から人付き合いがうまくなる言葉遣い」のように、即効性がありそうなテクニックに飛びついてしまう。そうした知識やスキルなどは、瞬間的には効果があるかもしれません。でも、**根本的に改善せずに表面的な知識やスキルで乗り切ろうとしても、結局、その場しのぎで終わります。**そうして、１つのテクニックがダメなら次のものを、と追いかけているばかりだと、せっかく行動しても大きな結果に結びつかないのです。

「今すぐどうにかなる」といった即効性のありそうなものばかりに飛びつかない。立ち止まって「具体」を「抽象化」して思考を深める

Point

After

本質を極めて稼ぐ人

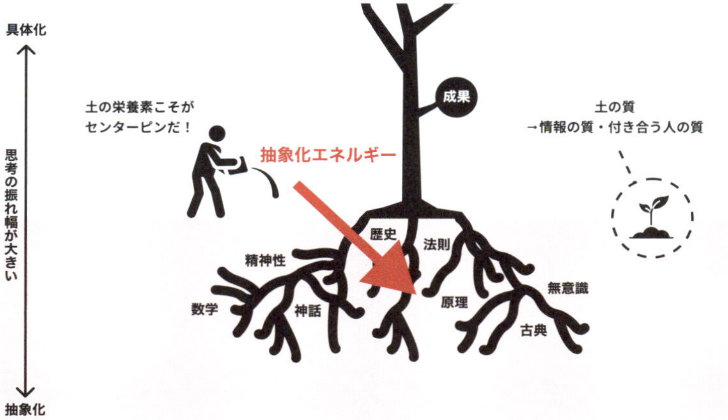

「具体」を「抽象化」することで思考を深める

では反対に「思考が深い」とはどういうことか。それは、**流れてくる情報に対して、いったん立ち止まり「なぜ、そうなのだろう」「そうすることで、何が変わるのか」などを、考えてみるということ**です。私も、最近、自社の採用に困ったとき、安易に「“求人情報サイト”に掲載すればいい」と考えて、お金を払って載せたことがあります。でも、結果はさんざんでした。そこで、自分たちはどのような人を求めているのか、そうした人はどこで情報を得るのかなどを考えて、SNS発信を始めたら、求人情報サイトよりも多くの優秀な人材が集まるようになったのです。**流れてくる情報をそのまま真に受けず、受け止めてから考えてみる、つまり、多くの「具体」を「抽象化」することで、本質を見極めて思考を深める**ことができるのです。

変化のためのアクション
受け取った情報を考え直すクセをつけよう

▶「なぜ？」と５回問いかけるクセをつける

トヨタ式の生産方式には、問題が起きたときに「なぜ？」を５回繰り返す方法があります。１回の「なぜ」では、まだ表層的な原因にしかたどり着けません。でも５回問いかけることで、根本的な原因を見極めることができ、本質を理解することができるのです。

▶ 積極的に他人に意見を求める

何か行動を起こそうとするときは、積極的に「どう思うか？」と他の人に意見を聞いてみましょう。特に異業種の人や年齢が異なる人などに幅広く聞いてみることで、多角的な視点を取り入れることができ、自分がやろうとしていることを客観的に見ることができます。

▶「もし〜だったら？」と仮説思考をしてみる

「もしも、スティーブ・ジョブズが生きていたら、どう考えるだろう？」や、「もし、自分がフォロワー100万人になったら、今、どうするか？」など、**「もし〜だったら？」と仮説を立てて考えてみることで、さまざまな観点から考えることができ、思考を深めることができる**でしょう。

まとめ
成果が出ない人は、表層に目を向ける。
成果が出る人は、本質に目を向ける

思考法
37

「とにかくインプットばかりする」から「法則を見つけ出す」人へ

Before

とにかくインプットばかりする人

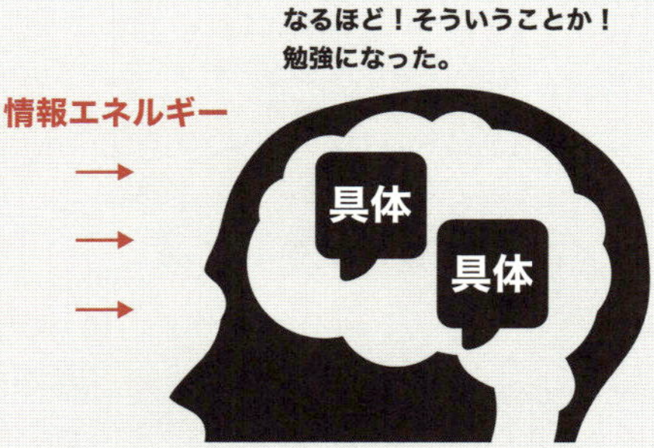

ただインプットするだけでなく原理を見つけ出すことが大事

なかなか思うように稼げない人は、とにかく情報を取り入れるだけで終わっていることが多いと感じます。もちろん、多くの人は「もっと稼ぎたい！」という気持ちから、本を読んだり動画を観たり、セミナーに出席したりします。でもそこで「いい話を聞いた」「タメになった」で終わってしまっているのです。私も以前は「稼ぎたい」と考え、たくさんの情報をインプットだけしていました。でも、実際に行動に移したことがない情報は、今となってはすっかり忘れてしまっています。また、インプットした情報をそのまま活用してしまうのも、稼げない人の特徴です。例えば「仮想通貨が儲かるらしいよ」と聞いたら、何も考えずに飛びついてしまう。そうではなくて「なぜ、その仮想通貨が儲かるのか」「どんな仕組みになっているのか」のように、原理や法則性を考えてみることが大切です。

どんな場合でも、自分なりの法則を見つけ出す。そして行動して応用することで成功確率がアップする

Point

After

法則を見つけ出す人

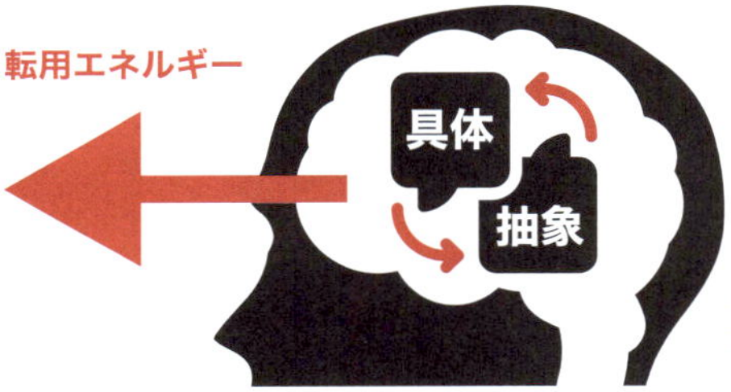

検証を繰り返すことで成功確率を高める

例えば、今から「買い物に行こう」と考えたとします。でも、思いついただけで何を買うべきかわからない。そんなときは、とりあえず家の中を歩いてみると「あ、キッチンの洗剤がなくなりかけていた」「そろそろ朝ご飯のハムを買おう」などと、目についたものからヒントを得ることができます。これを抽象化すると**「どうしたらいいかわからないときは、とにかく動いてみる」**という１つの原則として、成り立たせることができます。この原則は、買い物だけでなく、仕事や何かに迷ったときなど、別の場面でも応用することができるでしょう。稼ぐ人は、どんなときでも、この「具体をそのまま受け取らずに、抽象化する」思考を働かせます。こうして、あらゆる情報を具体から抽象に高速変換することを繰り返し、自分なりの理論をたくさん積み重ねることで、成功確率が圧倒的に高まるのです。

変化のためのアクション
「自分なりの理論」を見つけよう

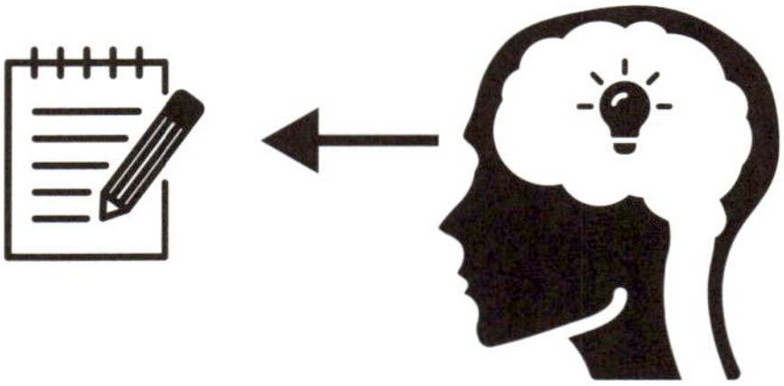

▶ 日々の学びや気づきを手書きでメモする

今日起きたできごとや疑問に思ったことの中で1つ選び、そこからどんなことに気づき、何を学べたか書き出してみましょう。1つのことをじっくり考えてみることで、普段なら見過ごしてしまいがちな意味や真意を考えるクセが身につきます。

▶ 1日1回、文章や話を要約する

仕事で上司に報告するのでも、友人に読んだ本の内容を伝えるときでもいいのです。**伝えたい内容をできるだけ短く、簡潔に話すようにしてみましょう。**要約する習慣をつけることで、大事なポイントを見抜き、まとめる力が高まります。

▶ 同じジャンルの動画からパターンを読み取ってみる

動画や映画を、同じジャンルのものには何か共通するパターンがないかどうか考えながら観てみましょう。例えば旅行動画なら、最初に行った場所のハイライトシーンが必ず入るとか、料理なら完成したものをまず見せるなど、それによってどんな効果があるのか考えてみるのもいいでしょう。

まとめ
稼げない人は、情報を鵜呑《うの》みにする。
稼ぐ人は、情報を咀嚼する

思考法
38
「いつも指示待ち」から「独自の提案ができる」人へ

Before

いつも指示待ちの人

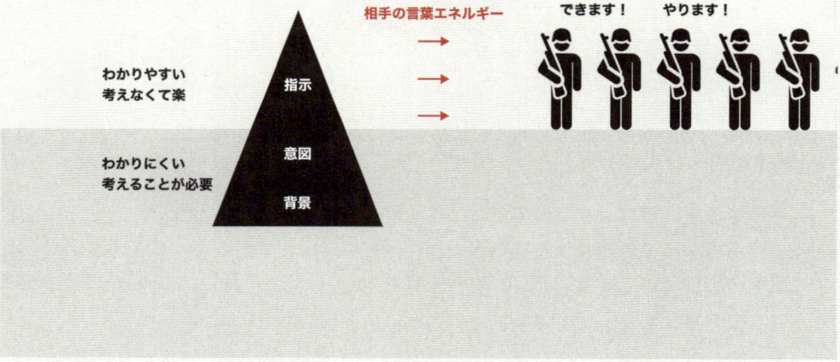

どういうふうにしてほしいか、明確に言葉で指示できる人はいない。

あるとき、自社のために仕事をしてくれるデザイナーさんと話をすると、彼は「お客さんに言われた通りにやらないと……」といつも考えていると言うのです。できるだけお客さんの指示のままに仕上げるのが、満足度を高めると考えていたのです。でも、残念ながら、**それでは合格点を得ることはできるかもしれませんが、大きく稼げるようにはならない**でしょう。なぜ、指示通りにやることで、稼げるようにならないのか。それは、**そもそも指示を出す側の人が「自分はどういうふうにしてほしいのか」を明確に言語化できていない**からです。また、言葉の解釈の仕方は人それぞれ違います。そのため、できるだけ言葉通りに近づけようとしても、必ず微妙な差は生まれます。そうしてできあがったものは、「悪くはないけど、なんか違う」ということになってしまうのです。

相手の指示に近づけようとしても「悪くないけどなんか違う」で終わってしまう。意図や背景を知ったうえでオリジナルの提案をする

Point

After

独自の提案ができる人

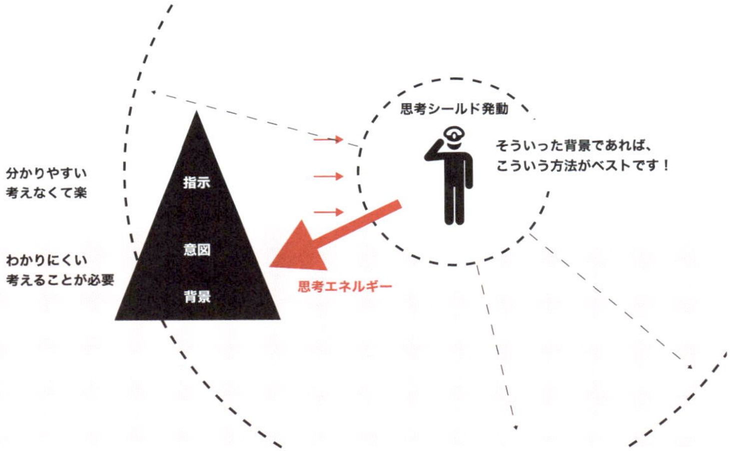

期待値を超える独自の提案で市場価値が高まる

相手に言われたこと以外に、どうすれば期待値を超える提案ができるのか。マーケティング業界には「ドリルではなく穴を売れ」という言葉があります。ドリルを買いに来た人は「ドリルが必要」なのではなく「穴を開けたい」わけです。つまり、**どこにどんな穴を開けたいのか聞けば、ドリルではなくキリでいいかもしれませんし、そもそも穴を開けなくても、組み立て式のもので代用できるかもしれない**のです。相手が何のためにドリルを探しているか、それを聞き出したり背景を読み取ったりして、最適なものを提案する。さらに「もし、こうであれば～」といくつかの代替案も用意することで、あなたは独自の提案ができる人になれるのです。

変化のためのアクション
自分なりの工夫を加えよう

いつも意図を
汲み取ってくれて
助かる！
当然ですよ

▶ 指示の意図や背景を聞く

例えば、上司に「先月のチームの受注データを、それぞれまとめてくれる？」と言われたとしましょう。そんなときは、ただ単に受注データをまとめるのは、ドリルを買いに来た人に、そのままドリルを売るようなものです。そうではなく**「いつ、どこで、何のために使うのか」**を確認します。

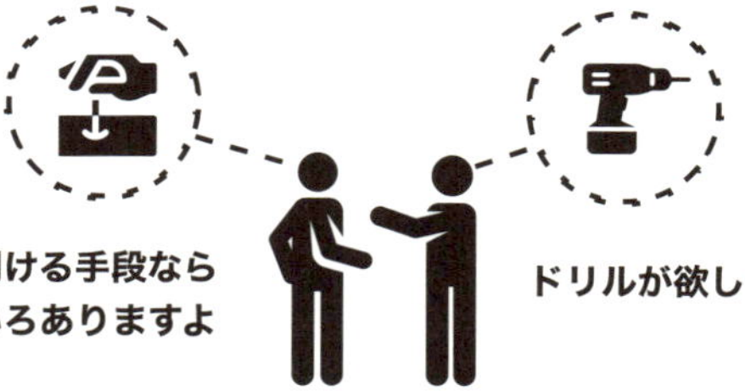
穴を開ける手段なら
いろいろありますよ
ドリルが欲しくて..

▶ ドリルではなく穴を開ける手段を考える

上司から「全体ミーティングで1人1人の課題を確認し、今後どのように改善するかを話し合うため」だと教えてもらったとします。そうであれば、「受注金額や成約率などのデータも必要かな」と考えることができます。**さらに見やすくするために、目標を未達成の人は色を変えるなど、工夫をすることもできる**でしょう。

▶ 意図や背景に応じた提案をする

会議の場では、自分の工夫した点を、なぜそうしたのかという意図を交えて伝えます。そうすれば、ほかの参加者も他のデータの必要性などに気づくことができ、あなたの市場価値は高まるのです。

まとめ
市場価値が低い人は、答えを追う。
市場価値が高い人は、問いを持つ

思考法
39

「“モテたい”気持ちを隠す」から「煩悩全開で稼ぐ」人へ

Before

“モテたい”気持ちを隠す人

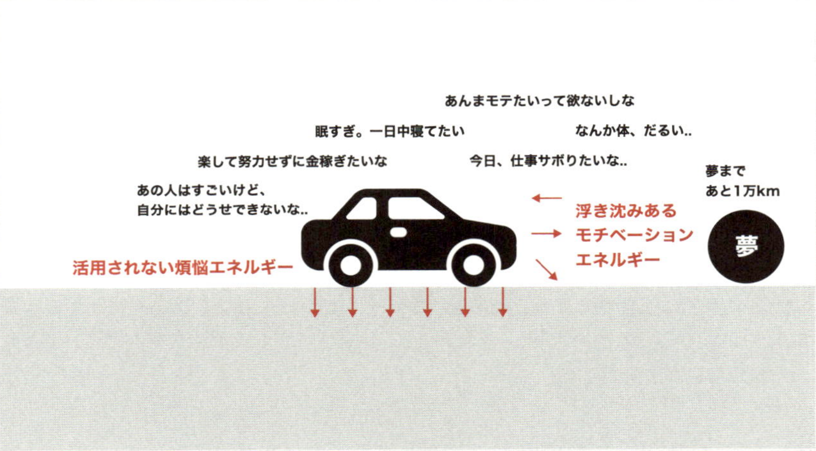

稼げない人は「煩悩を持つのはよくないこと」だと考える

「煩悩」とは、仏教用語でさまざまな欲望のことを指し、煩悩から解放されると、苦しみから解き放たれて悟りを開けると、仏教では言われています。こうした知識のせいか、**多くの人は「煩悩」がよくないものだと考えます**。でも、**私は、自分の持つ欲と向き合わずに単に押さえ込もうとすると、そこでエネルギーが分散される**と思っています。そうして、前進する力が失われて、なかなか成果が出せずに、稼げないまま終わってしまうのです。**稼げる人は、自分の持つ「お金持ちになりたい」「モテたい」といった欲を持つのが悪いことだと思っていません。**むしろ「煩悩」をうまく活用します。「煩悩」だけでなく、バカにされて「悔しい」と思ったことやコンプレックスなどもうまくバネにして、前に進むエネルギーに転換し、爆速で目標達成に向かうのです。

「ラクしたい」「モテたい」という煩悩を持つのは悪いことではない。うまく前に進むエネルギーに変換すればいい

Point

After

煩悩全開で稼ぐ人

煩悩をなくすために努力するのではなく、うまく活用する

稼いでいない人は、口では「夢を叶えたい」と言いながら、実際に夢を叶えるまでの道のりが「大変にちがいない」と考え、無意識に避けていることが少なくありません。心にある「ラクしたい」と思っている部分を、見て見ぬふりしているのです。でも、稼いでいる人は自分が「ラクして稼ぎたい」という気持ちを持っていることを否定しません。稼ぐ人は合理的な人が多いので、そんな気持ちがあるなら、「ラクして稼ぐには、どうしたらいいか」と考えます。そして、実際にラクして稼ぐ仕組みを構築するためには、めちゃくちゃ努力して、最終的に目標を達成している人を、私は何人も見てきました。**稼ぐ人は自分の気持ちに正直に「叶えるためにはどうしたらいいか」と考えるため、持てるエネルギーをムダなく使い、成功していくのです。**

変化のためのアクション
自分の煩悩を明らかにしてみよう

好きな人と好きな時間に
好きなものを食べたい

▶ 自分が達成したいことと、なぜそうなりたいかをリスト化する

例えば「ポルシェに乗りたい」のであれば、なぜそう思うのか、考えてみる。「お金持ちと思われそうだから」「モテそうだから」という気持ちでいいのです。正直にリスト化してみましょう。そして「じゃあ、モテるために稼いでポルシェでも買うか」とやる気に変えればいいのです。

▶ 自分の理想や欲求を具体的にイメージする

「よし、ポルシェを手に入れるぞ」と決めたとします。そうしたら、**自分がポルシェに乗っていたり、異性とポルシェでドライブしている状態をイメージします。**そして、イメージに近い画像を集め、スマホの待ち受けにするなどして、毎日眺めましょう。

▶ 煩悩を達成するための具体的な目標と計画を立てる

ポルシェが手に入った状態をイメージするだけでなく、具体的にどうやって手に入れるか計画を立ててみましょう。例えば、新車は1000万円以上するとしても、中古ならどうだろうと値段を調べてみる。500万円で手に入るとしたら、500万円をどうやって生み出すのかなど、考えてみるのです。

まとめ
出世しない人は、煩悩を捨てる。
出世する人は、煩悩をガソリンにする

思考法
40
「不安になりがち」から「成果を確信できる」人へ

Before

不安になりがちな人

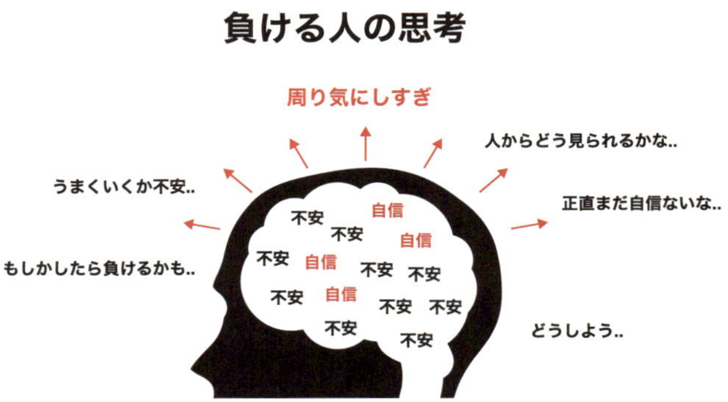

不安は多ければ多いほど的中してしまう

私はよく、自社の社員が新規のお客さんにプレゼンする現場に同行します。多くの場合、最初は緊張して自己紹介すらままならなかったり、お客さんの要望をしっかりヒアリングできなかったりします。大事な場面に挑むとき、不安や緊張を解消しないまま本番に臨むと、不安の量が多ければ多いほど、不安が的中するような場面に陥ります。**しかし、人が持つ資質を分析したある調査では、あらゆる場面で「自分ならできる」と確信を持てる人は、全人口のわずか３％ほどしかいないという結果が出ています。**つまり、ほとんどの人は、不安や緊張を抱えて、なかなか思うように結果が出せない状況に陥りがちだと言うことができます。でもだからこそ、少しでも不安や緊張を手放すことができたら、抜きん出て成功する確率が高くなるのです。

97%の人は緊張や不安を抱えがち。
だからこそ「できる」「勝てる」と確信するまで、
繰り返し練習をする

Point

After

成果を確信できる人

勝つ人の思考

「勝てる」と確信するまで練習を積み重ねる

不安はそのまま放置しておくと、どんどん大きく広がります。不安を解消するには「できる」と思えるまで、繰り返し練習することです。例えば、お客さんにプレゼンするのがどうにも苦手だとします。そうであれば、きちんとトークのスクリプトをつくり、事前に何度も口に出して練習をします。自分が話す姿をビデオに収めて見直すのもいいでしょう。実際に、自社の社員も、スクリプトをつくり練習をしたおかげで、1ヶ月もしないうちに、見違えるようにハキハキと話せるようになりました。自信満々に見えるプロスポーツ選手たちも、見えないところでのトレーニングや練習によって「できる」という気持ちが生まれているのは間違いありません。自信は、生まれつきの才能ではなく、成功体験の積み重ねから導き出されるのです。

変化のためのアクション
成果を確信するための、イメージトレーニングをしよう

▶ 苦手なこと、不安に思うことを書き出す

まずは、**あなたが今、何を苦手としているか、どんなことを不安に思っているかを書き出してみましょう。**「人前で話すのが苦手」「毎日、その日のことをまとめて日報にするのが難しい」「どうしても異性に話しかけられない」など、思いついたものを素直に書いてみてください。

▶ それに対して、今できることを書き出す

「人前で話すのが苦手」なのであれば、まずは友人のグループ内で、自分の好きなトピックで話をする、「どうしても異性に話しかけられない」なら、どんな話題が好まれるのかリサーチするなど、**今、できることをいくつか書き出してみましょう。**

▶ できている状態をイメージし、繰り返し練習をする

「人前で話すのが苦手」な人が、友人のグループで話をする、買い物に行った場所の店員さんに話しかける、自分の話す姿をビデオに撮って観直すなどをできることとして挙げたとしたら、**それぞれがうまくいった状態をイメージしながら、繰り返し練習**しましょう。

まとめ

負ける人は、確信を持てない。
勝利する人は、確信を抱く

思考法 41

「苦しみながら稼ぐ」から「やりたいことで豊かになる」人へ

Before

苦しみながら稼ぐ人

他人の期待エネルギー
(もっと自由に好きに生きたい..)
他人の価値観馬車

「メンタルモデル」に縛られると、パワーが出力しづらくなる

私が大学を中退して世間体が悪いから「せめて社員になろう」と営業職に就いたのも、**「正社員で働くのがマトモな人」という世間の常識に縛られていたから**でした。そして結果を出せずに、クビになってしまったのです。本当は時計に興味はないのに、単に「成功者の象徴」としてブランド物の時計を買う人は少なくありません。このように、**広告や世間一般でつくられた常識に振り回されたり、親やまわりの期待に応えようとして人生の目標を設定すると、自分らしく活躍するのは難しい**と言えるでしょう。自分が本来持っている価値観ではなく、「メンタルモデル」を目標に設定してしまうと、人は、本来持つ力を出力しづらくなります。他人の価値基準に縛られて動きが重くなり、向かうべき方向に進めなくなるのです。

世間の常識やまわりの期待に振り回されると、
自分らしく活躍できない。自分の価値観にそった
生き方に少しずつシフトチェンジする

Point

After

やりたいことで豊かになる人

自分らしく生きると決めれば、エネルギーが湧き出てくる

私は「デザイナーになる」という人生の目標を見つけ、営業職を辞めたあと、実際にデザイナーとしてフリーランスになったとき、これまでとはまったく異なるエネルギーが、自分の内から湧いてくるのを実感しました。たとえるなら、**「自分の価値観」という馬を乗りこなして、圧倒的なスピードで前進するイメージ**です。例えば、自分の目標が「もっと自由に働きたい」だとします。そうであれば、少しずつ勤務形態を変えてみる、副業を始めてみるなどもいいでしょう。今は上司に言われた数値目標を達成しなければならない立場かもしれません。でも、3年後に独立したいという目標が見つかったとしたら、数値目標を達成するための試行錯誤は、すべて自分の将来につながると考えることもできます。そうして今ある状況も自分のために活かして、活躍する道を進むこともできるのです。

変化のためのアクション
自分らしい価値観を明確にしてみよう

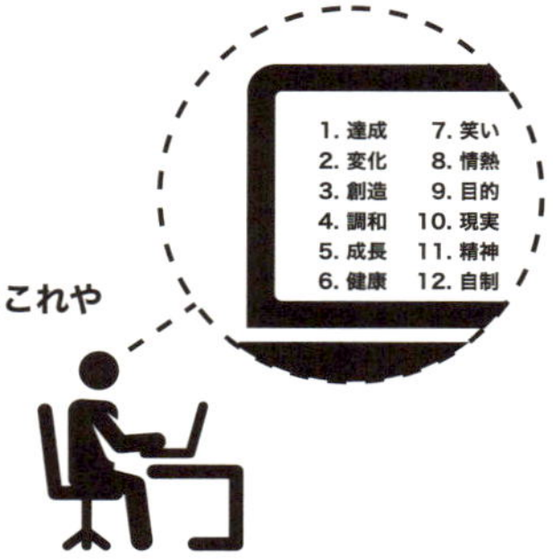

▶ 自分らしい価値観をリストから選んでみる

インターネット上には、価値観の一覧やリストなどが数多く出ています。そうしたリストを見ながら、**自分にあてはまるものを選んでいくことで、大まかに自分がどんな価値観を持っているのか知る**ことができます。また、価値観診断などを受けてみるのもいいでしょう。

▶「自分のやりたいこと100」のリストをつくる

思いつくままに「自分のやりたいこと」や好きなこと、実現したいことを100個を書き出してみましょう。今すぐ実現可能なものでなくてもいいのです。「こんなのムリだろう」と自分の心に制限をかけず、世界一周をする、完全リモートで働くなど、100個書き出しましょう。

▶ 自分らしく働ける可能性を探る

もし、あなたが「満員電車に乗らずに、家で仕事をする」ことをやりたいことリストに挙げたとします。今の仕事が出勤が必要なのだとしたら、同じ業界で通勤せずに別の仕事はできないか、別の業界で通わずに同じ仕事はできないかなど、**まず身近なところから可能性を探っていきましょう。**

まとめ
活躍できない人は、他人の人生を生きる。
活躍する人は、自分の人生を生きる

どんどん
応援される。
人を巻き込むための
思考法

第 7 章

思考法
42

「頑固で譲らない」から「人に歩み寄れる」人へ

Before

頑固で譲らない人

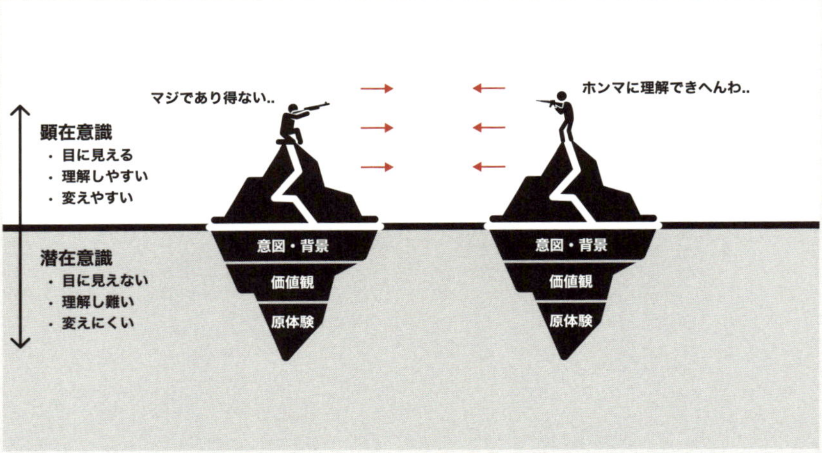

相手とは価値観が違うという前提を持つ

心理学の分野では、人の悩みの９割は「人間関係」によるものだと言われています。**なぜ、人間関係の悩みが多く生まれるかと言うと、たとえ同じ人間で、同じ国に暮らしていても、育った環境やまわりの影響などで、価値観がそれぞれ違うからです。**それなのに、自分の価値観で相手を判断しようとしたり、決めつけたりすることで、摩擦が起きます。小さなことですが、悩んでいるときに「何かあった？」と声をかけて話を聞いてくれる人を「思いやりがある」と思う人がいれば、悩んでいるときはそっとしておいてくれるのが優しさだと感じる人もいます。また、相談したときに「解決策を提案してくれるのが友人だ」と信じている人がいれば、「よけいなアドバイスはいらないから、ただ、黙って話を聞いてほしい」と思う人もいるのです。

「その人はなぜ、その考えを持つに至ったのだろう」。
言葉の意図を想像することで人と人は歩み寄れる

Point

After

人に歩み寄れる人

相手の持つ背景にまで想像をめぐらせると、歩み寄れるようになる

人と心からのコミュニケーションができる人は、自分の持つ価値観で、相手を判断することはありません。**「その人はなぜ、その考えを持つに至ったのだろう」という、背景にまで想像をめぐらせます。**例えば、以前、一般的な納期よりもやたらと急《せ》かすクライアントがいました。メールでのやり取りでは、強引で冷たいイメージだったのですが、実際にお会いして話をしてみると、少し印象が異なります。話がその方の経歴に及んだとき、以前、ベンチャー企業のようなスピードが重視される職場で働いていたことがわかりました。それがわかってから、私たちは、必要な期間などをきちんと説明することによって納得していただき、「急かされる」と感じていた状況から抜け出すことができました。そしてお互いに信頼できるよい関係を築くことができたのです。

変化のためのアクション
その人に歩み寄ってみよう

▶ 相手の経歴やバックグラウンドを知る

過去にどんな企業に勤めていたか、どんな仕事をしていたのか、どこの出身であるかなど、簡単な経歴やバックグラウンドを知るだけでも、ある程度、相手がどんな価値観の持ち主であるか想像することができます。IT業界出身であれば、理論的に経緯を説明したほうがいいかもしれないなど、何も知らない場合より、柔軟な対応ができるはずです。

▶ 相手の嫌いなことや苦手なことの起源を知る

少し親しくなった相手であれば、苦手としていることや嫌がっていることについて、いつからそうなのか、何があったのかなど、聞いてみるのもいいでしょう。なぜなのかがわかれば、相手に自分の価値観を押し付けることなどがなくなり、歩み寄ることができるでしょう。

▶ お互いに本音で話すようにする

人間関係では「相手に合わせる」ことで好かれよう、嫌われないようにしようとする人が少なくありません。でも、それではいつまで経っても表面的な付き合いにとどまります。**お互いに自分の本音を話し、違いを受け止めることで、人間同士のお付き合いに発展する**のです。

まとめ
すぐに人を否定すると、頑固で譲らない人になる。
人に歩み寄れる人は、人の言葉の意図を想像する

思考法 43 「誰かの価値観をトレースする」から「自分の価値観で生きる」人へ

Before

誰かの価値観をトレースする人

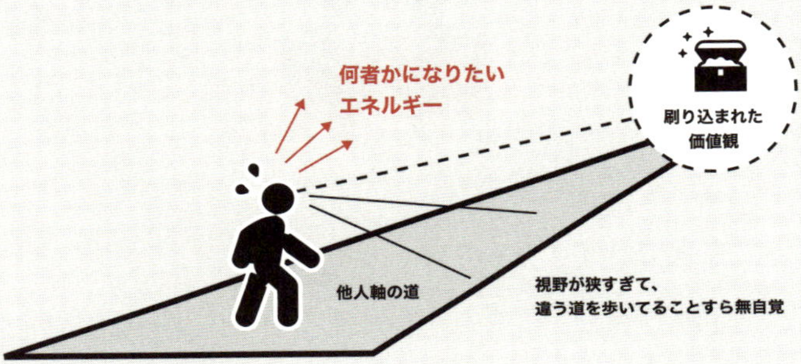

「自分じゃない誰か」になって成功しなくていい

あなたは「成功している人」とは、どんな人だと思いますか？ InstagramやYouTubeで、インフルエンサーとして活躍する知名度が高い人？ それとも、大企業のエリート社員で、バリバリ海外出張などをこなす人でしょうか。もし、そんなふうに思っていて「自分はああはなれない」と諦めているとしたら、あなたは「成功者ゲーム」に踊らされていると言えます。**ここで言う「成功者ゲーム」とは、多くの人が考える、一般的な「成功者」になりたいと考えてしまうことです。**「自分じゃない何者か」になりたい、ならなければ成功したと言えないと考え、自分を否定し続けていたら、いつまで経っても本来の意味での成功からは遠ざかるばかりです。いつも自分を人と比べて「ここがダメ」「これもダメ」とダメ出しばかりしている人も同じで、「成功者ゲーム」というワナにはまっているのです。

誰かがつくった道ではなく、自分の人生を生きる

Point

After

自分の価値観で生きる人

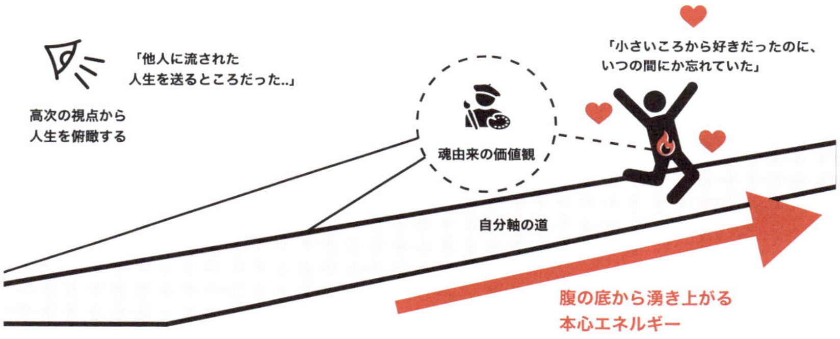

「成功者ゲーム」から脱却するには徹底的に自分と向き合う

私も以前は「自分じゃない誰か」になろうと必死でもがいていました。営業職に就いたのも、世間一般で「まとも」だと考えられている企業の社員になりたかったからですし、起業したあと、事業規模を拡大しよう、上場させようとしていたのも、それが「成功者のすること」だと考えていたからです。でも、**本当の意味での「成功」とは、自分の心が望む通りの人生を送ることです。**もちろん、「成功者」になることが、本当の望みだったらいいのです。でも、多くの場合は違います。「成功者ゲーム」から脱出するためには、とにかく自分の心と向き合うことです。**自分が何を望んでいるかを知り、求める方向に進むようになれば、他人が目に入らなくなり比較をしなくなります。**そうして自己実現をすることで、ゲームから脱却し本当の幸せをつかめるのです。

変化のためのアクション
とことん自分と向き合ってみよう

▶ 自己理解診断や性格診断などを受ける

わかっているようで、実は理解できていないのが自分自身についてです。自分にはどんな傾向があり、何が向いているのか、診断を受けることで自分に対する解像度を上げていきます。たった１つの診断で納得するのではなく、週に１回くらいのペースで、いろいろな診断を受けてみるといいでしょう。

▶ 過去の成功体験を振り返る

忘れていたけれど、作文で賞を取ったことがあった、友達にメイクしてあげて喜ばれたなど、幼いころから今に至るまでを振り返り、楽しんで続けていたこと、没頭していたこと、そしてうまくできていたことなどを書き出してみましょう。**言語化して記録することで、本来の自分らしさを探す手がかりになる**でしょう。

▶ 1週間に1回、自分のやりたいことをやる

過去にうまくいったことでも、「自分が本当にやりたいことリスト100」にあることでも構いません。**自分らしくいられる時間を、最低でも1週間に1回つくりましょう。** そうして試していくと「あ、昔は楽しかったけど、今は違うな」と思うものがあるかもしれません。そうして少しずつ、本当の自分らしさを見つけていきます。

まとめ
自分を知らない人は、誰かの価値観をトレースした生き方をする。自分の価値観で生きる人は、自分と向き合っている

思考法
44

「１人で努力する」から「人を巻き込んで努力する」人へ

Before

１人で努力する人

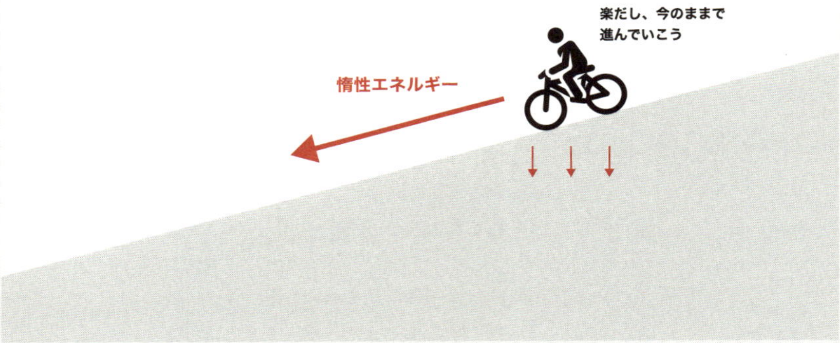
楽だし、今のままで
進んでいこう
惰性エネルギー

誰だって、１人で努力し続けるのは難しい

よく私が「自分の本音を見つけよう」という話をすると、自分と向き合うのは面倒くさい、考えるのがイヤだという人がいます。その気持ちもわかります。なぜならかつての私が、まさにそうだったからです。勉強したくない、楽しいこと以外はやりたくない、考えるのは面倒くさい、そんな気持ちで日々、暮らしていました。人間の心理や脳の仕組みについて学ぶうちに、努力を続けられる人と続けられない人に、人としての構造は大きな差がないことに気づきます。それまでは、自分はダメ人間だから、できないと考えていたけれど、**目標に向かってがんばれる人も同じ人間で、サボりたくなるときももちろんあると知ったのです。**そんな人間の習性を知り、考え方や環境の整え方を知ったときから「自分でもできるのでは？」と思えるようになったのです。

努力している他者を見ると、自分もやる気が生まれる「ミラーニューロン」を活用

Point

After

人を巻き込んで努力する人

歓喜エネルギー
走る行為そのものが楽しい！
今ここに喜びがある！
物質を所有することよりも、
自立し、自分を律することに価値を見出す

仲間を巻き込み「ミラーニューロン」を活性化させる

人には「ミラーニューロン」という細胞があり、そばにいる人が行動するのを見ているだけで、自分の脳も同じに行動したように活性化することがわかっています。また、アメリカの起業家であるジム・ローンは「人は身近にいる５人の平均のようになる」と言っているそうです。それほど、一緒に時間を過ごす仲間の影響は大きいのです。努力ができる人の大きな特徴の１つが、こうした事実を知り「一緒に努力する仲間をつくる」のがうまいという点です。２人以上の同じ願望や目標を持つ人の集まりを「マスターマインド」と呼びます。私は、１週間のうち、できるだけ「マスターマインド」と会う頻度を増やすように心がけています。**お互いに刺激し合える仲間を見つけることで、お互いに切磋琢磨《せっさたくま》して、１人で努力するよりもはるかにラクに高みにたどり着くことができる**のです。

変化のためのアクション
仲間を見つけよう

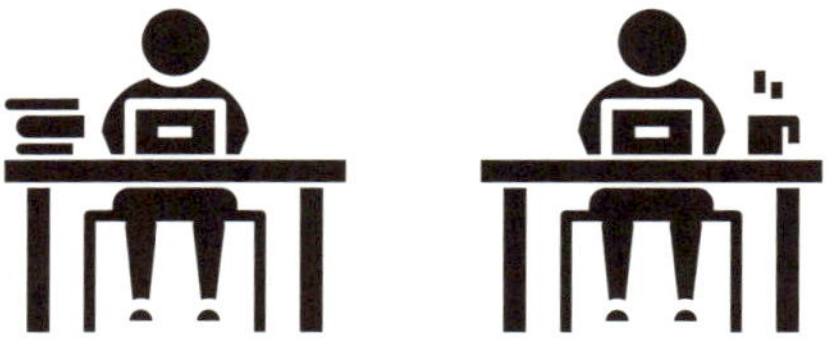

▶ 目標や進捗を共有する仲間やグループをつくる

1人で黙々と努力をするより、目標や進捗を共有できる仲間がいると、達成率が向上すると言われています。例えばグループでメッセンジャーを共有し、朝、起きたらスタンプを送り合うようにするだけで「今日もダラダラせずに起きよう」という気になります。また、目標に進む経過を共有し合い、お互いにフィードバックをするのもいいでしょう。

▶ 仲間と一緒にモーニングルーティンを決める

どんなことでも、朝に目標を達成すると1日のモチベーションが向上すると言われています。難しいことでなくてもいいので、朝に一緒に散歩をしたり、読書をしたりする仲間をつくり、一緒に実行することで、その日1日のモチベーションが高まり、努力が継続しやすくなります。

▶ 目標の進捗を可視化する

仲間が見つからないときは、やるべきことや作業の進捗を記録し、可視化します。例えば、「毎朝、早起きする」と決めたのであれば、100円ショップでシールを買ってきて、起きたらカレンダーに貼るのでもいいですし、手帳に書き込むのでもいい。そうすることで、仲間に報告するのと同じように、達成感が得られ、継続率が向上します。

まとめ
努力を苦と思う人は、1人だけでがんばりすぎていることが多い。
努力を楽しむ人は、人を巻き込んでいる

思考法 45

「自分のことばかり話す」から「親身になって話を聞ける」人へ

Before

自分のことばかり話す人

対話ができない人の2つの特徴とは？

人と人のコミュニケーションは対話が基本です。でも対話をしようとしても、なぜか話が発展しない、いつも、ケンカになったり無視されたりする、そんな悩みを聞くことがよくあります。私は、対話ができない人の特徴は大きく2つあると考えます。**1つは「傾聴」できない**こと。「傾聴」とは、相手の話に関心を持ち、共感しながら聞くことです。つまり、上っ面だけで相槌《あいづち》を打って真剣に話を聞いていない。人は、相手が聞いてくれているかいないかを敏感に感じ取ります。人の話を聞かずに自分の主張ばかりしようとしても対話は成り立たないでしょう。もう1つは、**本音を言わない**ということ。相手と信頼し合えるコミュニケーションを築くためには、本音で話すことが欠かせません。建前でいいことばかり言っていても、本当は何を考えているのかわからない人とは、対話は成り立ちません。

「傾聴しない」「本音を言わない」のは
コミュニケーションではない。
自分も相手も大切に扱うのが心のキャッチボール

Point

After

親身になって話を聞ける人

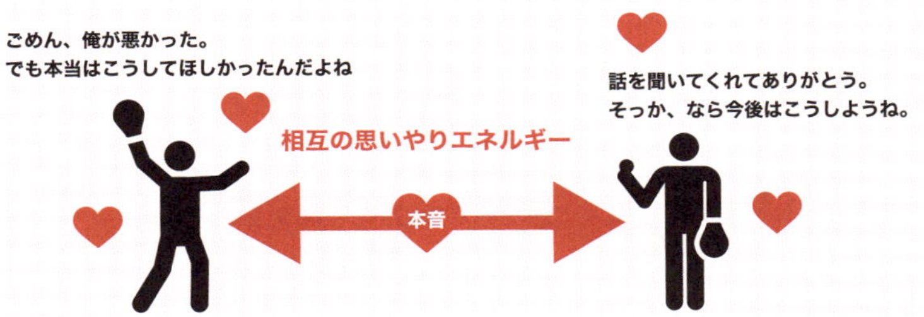

自分も相手も大切に扱うのが心のキャッチボール

私は、対話とは心のキャッチボールだと考えます。 まずは、相手の発言の背景なども理解しようとし、価値観をリスペクトしながら「傾聴」する、そして、自分の弱いところダメだと思うところもありのまま受け止めて、本音をしっかり伝えるのがキャッチボールということです。**よくありがちなのが、受け入れてもらいたいと、自分の本当の気持ちを抑えてしまうケース**です。でも、ガマンをするのはストレスが溜まるだけでなく、本当の自分の気持ちを見失うことにもつながります。またこの場合、相手を尊重しているようで、実際は、自分を軽視していることになります。自分も相手も大切にするのが、本当のコミュニケーションです。言いにくいことも、正直に伝える、そうして、心と心のキャッチボールを繰り返すことで、お互いに信頼できるパートナーシップが築かれていくのです。

変化のためのアクション
本音を伝え合ってみよう

▶ 自分は本当はどう思っているのか問いかける

いつも本音を抑えている人は、人に合わせることが当たり前になりすぎて、自分の本当の気持ちや考えを見失っていることが少なくありません。相手が言うことに違和感を感じたら「自分はどう思うのか」「自分は本当はどうしたいのか」と問いかけてみましょう。

▶ 相手を尊重しながら本音を伝える

お互いに本音のコミュニケーションをとると言っても、やみくもに本音をぶつけ合えばいいというわけではありません。**前提に違いを尊重し、相手の価値観をリスペクトする姿勢が必要**です。そのうえで、相手の話を傾聴し、自分の考えも伝えます。

▶ 人間心理を学ぶ

私たちは、１人１人異なってはいても、脳の仕組みなどにより、コミュニケーションをとる際に、一定の傾向があります。そうした人間心理を学ぶことで「あ、今相手はこんな状態だな」「自分は、否定されたと感じたな」などと客観的に状況を見ることができるようになります。

まとめ
対話できない人は、本音を隠す。
対話できる人は、本音で話し合う

思考法 46

「いつもそこそこ止まりで終わる」から「人に頼って大きく成長する」人へ

Before

いつもそこそこ止まりで終わる人

分散される労力
「1人でやったほうがラクだし、利益出る」

1人でやりきろうとしても、量・質的に限界にぶつかる

私がフリーランスのデザイナーだったころと、起業して多くの人の助けを借りながらプロジェクトを担当している現在とでは、売り上げは10倍以上も違います。なぜかと言うと、**最も大きな理由は、人に任せることで受注できる仕事の量が増えた**からです。「職人気質《かたぎ》でこだわりが強く、何でも最後まで自分でやらないと気がすまない」「人に頼っちゃいけない」と考えて、頼まれたことすべてを自分で何とかしようとして、パンクしてしまう人も少なくありません。**すべてを自分1人で何とかしようとしても、時間には限りがあります。また、全部を完璧に仕上げようとしても、人には得意や不得意があり、すべてを同じクオリティにするのはムリがある**と言わざるを得ないでしょう。そうしてまわりに頼らない人は、自分の限界を超えることができず、いつもそこそこで終わってしまうのです。

1人でやりきろうとせずにチームで回せば効率がよくなる

Point

After

人に頼って大きく成長する人

役割分担してチームで働くと成果が圧倒的に高まる

自分1人で抱え込まないで、「まわりに頼る」ことができると、成長スピードが上がります。なぜなら、まわりに相談すれば自分では思いつかないような、いろいろな意見やアイデアをもらって、知識やノウハウを得ることができるからです。さらに、自分の苦手なことは得意な人に任せて分業すれば、それぞれが集中できて、全体のクオリティがより高くなるでしょう。例えば、忘年会やイベントなどを任せられたとしたら、参加者を募り宣伝をする「集客とマーケティング担当」、ブースやポスターをつくる「デザイン担当」、そして、司会や進行を考える「ディレクション担当」などに分業すれば、できることに集中しやすくなります。また、チームで仕事をするようになれば、受ける案件の規模も大きくなります。そうして、これまでにない経験を積んで、さらに成長できるようになるのです。

変化のためのアクション
役割分担してチームで働こう

▶ プロジェクト制の仕事を増やす

あえてチームが必要なプロジェクト制の仕事をつくってみましょう。自分の仕事の中でなくとも、他者を助けようとすることで新しい仕事をつくってみると新しい機会になります。

▶ 弱みや苦手な部分をさらけ出す

「自分はココが苦手なんだ」「できない」とはっきりまわりの人に伝えていく。これは想像以上に大事なことです。恥ずかしがって隠したり、自分でやろうとすると完璧主義から抜け出せず、いつまでも自分１人で背負い込む体質のままになってしまいます。

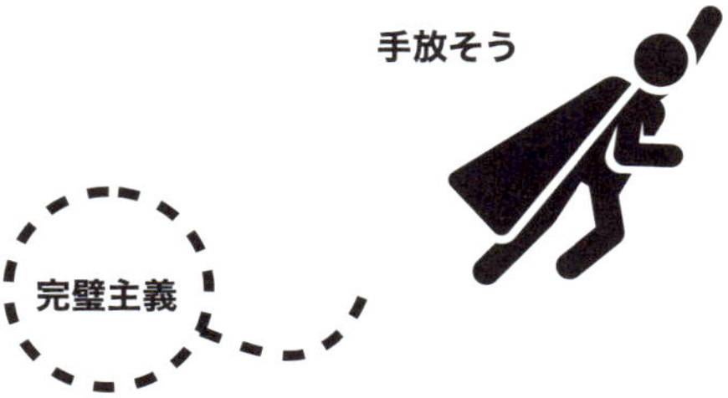

▶ 完璧主義をやめる

「1人でやらなければいけない」「自分だけで相手の期待に応えなければいけない」「自分でやったほうが早い」……と考えてしまいがちですが、これは**チームづくりのためには邪魔をする考え**だと自分に言い聞かせて、少しずつ抜け出しましょう。先ほどの「弱みや苦手をさらけ出す」アクションを少しずつ行ってみてください。

▶ 物理的に自分でできなくする

「やらない」とまわりに宣言してしまう。デザインであれば、制作ソフトを解約するなどして**物理的に自分が介入できなくするのも1つの手**です。

まとめ

いつもそこそこ止まりな人は、1人でやりきろうとする。
突き抜ける人は、人に頼って大きく成長する

思考法
47

「難しい仕事から逃げがち」から「圧倒的に信頼される」人へ

Before

難しい仕事から逃げがちな人

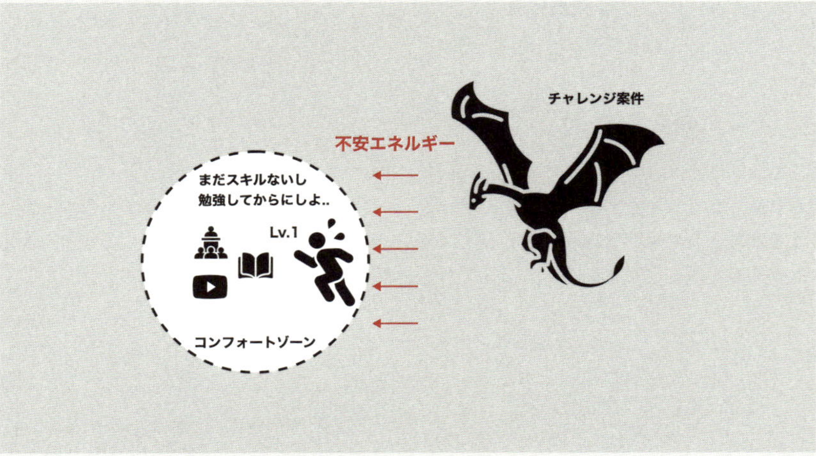

アウトプットよりもインプットばかりに時間をかけてしまう

「やってみる」ことを自信のなさから後回しにしてしまい、スクールに通ったり勉強したりなど、インプットばかりに時間をかけてしまう人がいます。自分ができるとわかっている、失敗しにくい状態を「コンフォートゾーン」と呼びます。このコンフォートゾーンから抜け出すのを怖がっている状態です。**しかし、私が見てきた中で、圧倒的信頼を得られる人というのは第一に「動ける人」でした。**コンフォートゾーンを抜け出し、課題を乗り越え成長していく人は、まわりから信頼されています。そして信頼されるから、チャレンジングなタスクをもらうことができるのです。

「今できること」だけをやるのは、結果が予測できるし安心でしょう。でも、挑戦から逃げ続けると、未来の可能性と信頼が小さくなっていくのです。

After

圧倒的に信頼される人

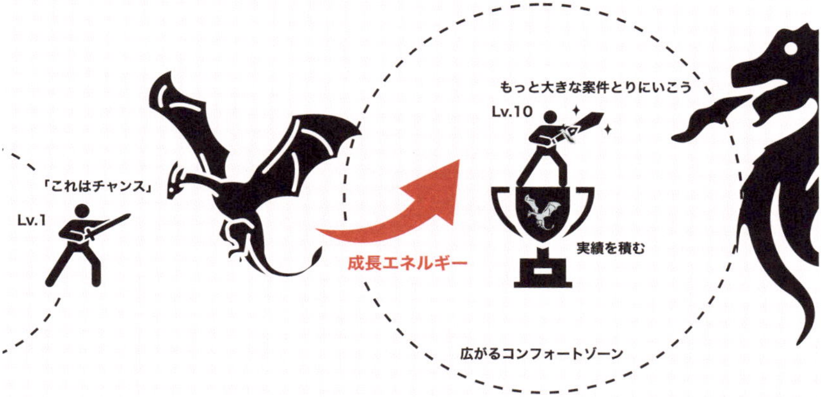

実績は新しいことにチャレンジしてこそ積み重なる

挑戦をし続けていく中でこそ信頼も獲得できます。私は、人の成長は「ストレッチ」に似ていると思っています。人間の体の構造は、人種や年齢などを考慮しても、基本的にはみんな同じです。だから、筋肉や骨格の可動域は同じ、つまりストレッチできる範囲は、理論的には変わりません。でも、多くの人は、ちょっと痛いとすぐに「ムリ！」とストレッチをやめてしまう。でも、そこでやめずに、多少の不快感はあっても少しずつ体を慣らしていくことで、柔軟性の高いしなやかな体になります。何かに挑戦するのも同じこと。誰でも最初は「怖い」という不快な感情が湧き上がるでしょう。でも、そこで諦めてしまわずに、少しずつチャレンジしていく。そうすることで、**自分が持つコンフォートゾーンが広がり、「挑戦＝成長するチャンス」だと考えられるようにまでなります。**

変化のためのアクション
コンフォートゾーンを飛び出そう

▶ SNS等で自分の知見を発信してみる

「発信する」ことも立派なアウトプットの１つです。自分の原体験をSNSに発信してみる、自分の培ってきた知恵を共有するなどして新しい空気に触れるアウトプットの機会を増やしましょう。

▶ 副業を始めてみる

本業一本だけにとらわれず、新しいことをスタートしてみましょう。自分の引き出しを増やすことにつながります。

▶ クラウドソーシングなどで実績を積む

これまでの仕事に広がりを持たせるなら、自分が新たに挑戦したい分野にクラウドソーシングなどを利用して、チャレンジしてみるのもいいでしょう。クラウドソーシングでは、実績に応じた仕事の依頼が来ますから、少しずつ経験を積んでレベルアップできるはずです。

まとめ
信頼されない人は、実践から逃げる。
信頼される人は、実践を積む

おわりに

ここまで読んでくださり、誠にありがとうございます。

日本の若者は他国に比べて「自己肯定感」が非常に低いことが問題提起されています。2018年、13～29歳を対象に実施した「我が国と諸外国の若者の意識に関する調査」（内閣府）のアンケート結果を見ると、「自分自身に満足しているか」という問いに対して「そう思う」「どちらかといえばそう思う」と答える若者は、他国では約8割に達しますが、日本では5割以下です。

日本は学歴偏重の傾向があり、勉強のできる・できないの評価がそのまま仕事のできる・できないに直結されるという先入観があります。

幼いころ受けてきた評価のせいで、大人になり仕事をするようになってからも自己肯定感を高められずに悩んでいる方のなんと多いことか。

勉強のできる・できないの評価だけが、人生や、仕事のできる・できないを決めるわけではありません。

それよりも、自分自身の目標をしっかり認識して、行動し続けることのほうがずっと重要だと私は確信しています。

実は私は文字を読むことが苦手で、かつては失敗続きの見すぼらしい毎日を送っていました。私自身本当に、隠しようのないほどに勉強が苦手で、器用さもなく、学生時代から社会人になってもずっと落ちこぼれで苦労してきた過去があります。

そして、私自身が直感的に理解でき、行動をサポートしてくれる図解に人生を大きく救われ、そして「とにかく行動する」という指針を大事にしてきたことで道が大きく開けてきたのです。

そこからは、「人が本来持っている潜在能力を引き出し、誰もが自己実現できる社会を創りたい」という企業信念を胸に抱き、日々仕事でこの信念を実践してきました。

成功イメージが図解により直感的に脳に入っていくことで自信につながります。次にどう行動すればいいかわかることで、自然と勇気が生まれ、前向きに身体が成功のために動いていくのです。

私は今、去年よりも今年、昨日よりも今日の成長を感じながら毎日を過ごすことができ、「とにかく毎日が楽しい」と感じられています。いわゆる「自己肯定感」が高まるのを感じることができている状態だと認識しています。

「考える前に行動したくなる、パッと見ただけで身体が動く」

そのようなビジュアルづくりを求めて勉強を始めて今、書籍を出せるまでになり、これからも面白い挑戦を続ける準備を次々と仕込むことができています。

ガラリと仕事と人生が変わった知恵がもし、皆さんにとって少しでも役に立つものになれば、こんなに嬉しいことはありません。

マズロー安達

〈著者紹介〉
マズロー安達（まずろーあだち）
Maslow株式会社 代表取締役CEO。エグゼクティブコーチ（認定資格保有）。本名は安達卓則。学生時代に鬱、引きこもり、アルバイトクビ、留年、中退を経験。会社員として働くも活躍できず2社ともクビに。その後自己分析を繰り返すなかで「デザイナーが天職」だと悟り、未経験から1ヶ月でデザイナーに。月300時間以上のデザイン制作を1年半続け、大手企業のデザインを手掛けるまでになった。デザイナーとして自己実現した原体験から、「全ての人が自己実現できる社会」を創るべく起業。口コミ・紹介だけで、年商150億円規模の上場企業から有名政治家など多くの指名依頼を受けるまでに自社を成長させる。現在はデザイナーのための収入・キャリアアップパーソナルコーチングを提供している。

Xアカウント：@maslow_design

一番《いちばん》効率的《こうりつてき》な成果《せいか》の出《だ》し方《かた》がわかる
図解《ずかい》 デキる人《ひと》の思考法《しこうほう》

2025年 1 月14日　初版発行

著者／マズロー安達《あだち》

発行者／山下 直久

発行／株式会社KADOKAWA
〒102-8177　東京都千代田区富士見2-13-3
電話 0570-002-301（ナビダイヤル）

印刷所／TOPPANクロレ株式会社
製本所／TOPPANクロレ株式会社

●お問い合わせ
https://www.kadokawa.co.jp/（「お問い合わせ」へお進みください）
※内容によっては、お答えできない場合があります。
※サポートは日本国内のみとさせていただきます。
※Japanese text only

定価はカバーに表示してあります。

ISBN 978-4-04-606866-8　C0030